岩　波　現　代　文　庫

# フェミニズム

竹村和子
*Kazuko Takemura*

学術 478



岩波書店

# はじめに――いまフェミニズムを書くことについて

結局、問題はあるのだろうか。もしも問題があるとすれば、それはどのようなものなのか。本当に、女というものがいるのだろうか。

――シモーヌ・ド・ボーヴォワール

フェミニズムについてまとまったものを書くということを聞いた知人たちから、「フェミニズムに戻るのか」とか、「フェミニズムについてあなたはいったい何を書くのか」と、ときどき尋ねられる。こういった発言の裏には、セクシュアリティについて語ることとフェミニズムについて語ることはべつの問題である、あるいはセクシュアリティ研究が出現した今となっては、フェミニズムは古い批評の枠組みだ、という考え方があるように思われる。同じことが、ジェンダー研究とフェミニズムの関係、カルチュラル・スタディーズとフェミニズムの関係にも当てはまる。

けれども他方で、ジェンダーやセクシュアリティという用語が意味している内容も、漠然とは推測されても、どこか腑に落ちないと思っている人々も多いのではないだろうか。そのような人々にとって――ましてやフェミニズムは一過性の流行、あるいは多くの差異化軸のひとつで、それに興味をもつ人だけが論じる局所的な、あまりにも感情移入された主義や主張であると思っている人々にとって――ジェンダーやセクシュアリティは、フェミニズムよりもさらに胡散臭い概念で、それらとフェミニズムの関係など、どちらでもよい問題なのかもしれない。

セクシュアリティは、社会的・学問的な文脈で最近語られるようになってきた比較的新しい言葉である。セクシュアリティとはいったい何なのか。あるいはそれとの関連でふたたび呼び起こされている――あるいは新しく意味づけなおされている――ジェンダーとは何なのか。それよりもそもそも、フェミニズムとはいったい何なのか。フェミニズムという言葉は、本当にいまも、そしてこれからも、有効な用語でありつづけるのか。結論を先取りして言えば、わたし自身はフェミニズムという言葉は、性の抑圧的な関係機構を批判的に読み解こうとする理論的な企てにとっても、また現在の性抑圧の形態を解体していこうとする実践的な企てにとっても――厳密に言って――瑕疵《かし》のない最適な用語というわけではないと思っている。

フェミニズムは英語から入ってきた外来語だが、『オックスフォード英語辞典』(第二版)によれば、ここで言うフェミニズムの意味は、「(両性の平等という理論にもとづいた)女の権利の主張」と定義されている。この定義にしたがえば、次の二つのことが前提とされる。一つは、少なくともフェミニズムが存在している社会においては、女の権利は奪われており、ひるがえって男の権利は守られていること（そう認識されていること）、もう一つは、性的に抑圧されている者（「女」と呼ばれている者）は、「女」という立場を維持したまま、その十全な権利を主張していくということである。これらの前提から類推される事柄は、社会の成員は「男」と「女」に二分され、この二つの性のあいだの力学に不均衡が生じていて、フェミニズムは、権利を奪われている女が、権利を過剰に付与されている男に対して異議申し立てをするものだという図式である。フェミニズムを語る者は、たいていの場合女ということになり、その女たちは男を「敵」と見て、男の特権に挑戦すると思われている。だからフェミニズムに直面した男は、ときに女の舌鋒《ぜっぽう》に驚き、怯み、あるときは女の挑戦を、風車に挑むドン・キホーテのように的はずれなものと見なしてやりすごす。社会が——少なくとも日本の社会が——フェミニズムに対して抱いているイメージは、個別的な例はべつにしても、現在のところは大なり小なりこのようなものだろう。

そのような社会の受け止め方のなかでは、たとえ男が、この性の不均衡はもしかしたら自分自身を呪縛しているのではないか、自分を「男」にしている特権が逆に自分を苛《さいな》んでいるのではないかと感じはじめても、その男は、フェミニズムという枠組みのなかで思考することには居心地の悪さを感じ、「男性学」や「ジェンダー研究」という枠組みが自分にとっては適切なものだと思いがちになる。あるいは「女」と一括りにくくられても、いわゆる「女」を愛の対象にしている者は――「男」同士のあいだでも同じことだが――「女の権利の主張」に自分を当てはめることが、はたして適切なのかどうか疑問を覚えてくる。むしろ性的な意味づけを攪乱《かくらん》する「セクシュアリティ研究」の方が、自分が被る抑圧をもっと厳密に取り上げているのではないかと考える。あるいは同じ「女」でも、国籍や民族や職業や地域性などによって立場や条件がずいぶん異なることを痛感している人々は、「女の権利の主張」だけではもはや間尺に合わないと思い定めて、それよりも多角的で複眼的な視野をもつと思われる「カルチュラル・スタディーズ」に活路を見いだすかもしれない。

フェミニズムという言葉が「フェミナ」(女)という語を母体に作られた造語であるかぎり、このような反応は避けられないことである。しかしこれは語源的な問題というだけではなく、「女」に対する圧倒的な抑圧に対抗してきたフェミニズムの理論や実践が、その歴史的な経緯のなかで必然的に伴わざるをえない限界である。このように、性の抑圧に対する個別的また包括的な批評理論や政治実践において、フェミニズムという語を使用することはかならずしも最適な選択ではないことを承知しながらも、それでもなおわたしは、少なくとも現在では、フェミニズムという言葉を手放したくはない。その理由は、けっしてフェミニズムを「女の権利の主張」という枠に閉じこめて、「女」を理論の基盤、あるいは解放されるべき主体として、保持したいと願っているためではない。わたしがフェミニズムという用語のもとにしばらくは思考を進めようと思っている理由は、「女」であることはたやすく身体的な次元に回収され、そして身体は還元不可能な与件だと理解されているので、もっとも根源的な本質的属性とされている「女」というカテゴリーを根本的に解体することなく、「男」に対する抑圧も、「非異性愛者」に対する抑圧も、また性に関連して稼動している国籍や民族や職業や地域性などの抑圧も、説明できないのではないかと危惧しているからである。

したがってわたしは、フェミニズムはけっして恒常的で永遠に機能する批評枠ではないと、一方で理解している。たしかに性にまつわるさまざまな抑圧が、「男」と「女」の意味づけをめぐって、とくに「女」の意味づけをめぐって——なぜなら、普遍と同義とみなされている「男」は定義される必要がないから——いまだに展開しているかぎり、「女」の意味を徹底的に解析することは不可欠の要件ではある。だがもしもその結果、「女」という概念が社会的にも言語的にも有効でなくなるときがくれば、そのときフェミニズムは、その使命を終える。

さきほどフェミニズムは「フェミナ」(女)という語の派生語だと述べたが、もっと正確に言えば、フェミニ・ズムは、女(フェミナ)という概念を自然化せずに前景化して、思考の俎上にのせる(イズム)ということである。フェミニズムは「女」というもっとも身体化されている存在、本質化されている存在を切り開いて、それを歴史化すること、つまりそれをとりまく社会関係の糸をたどり、「女」というカテゴリーのみならず、それと相補的な関係にある「男」というカテゴリーを解体し、そして女と男という「異なった二つの性」を必須のものとしている異性愛主義の桎梏《しっこく》――「非異性愛者」だけではなく、いわゆる「異性愛者」をも呪縛している桎梏――を明らかにすること、またひいては、「女」のアナロジーを利用して戦略的に説明されてきた他のさまざまな抑圧形態から、そのアナロジーを奪い去ることである。

　したがってわたしが念頭に置いているフェミニズムは、女に対して行使されてきた抑圧の暴力から女を解放することを意図しながら、同時に、そのような「女の解放」という姿勢自体を問題化していくこと、つまり「女」という根拠を無効にしていくこと――まさにフェミニズムを、現在女と位置づけられている者以外に開いていくこと――である。言わば、フェミニズムという言葉を手放さずにおくことによって、フェミニズムという批評枠を必要としなくなるときを夢想することである。この企ては途方もない離れ業で、うまく行くかどうか心もとない。けれどもこのような視点こそが、今の時代によって要請されているフェミニズムだと信じて、本書を書きすすめたい。

　このような枠組みで思考していく場合には、女や男や異性愛者や非異性愛者という言葉には、つねに、〈いわゆる〉という意味の「　」(括弧)が付けられるべきだろう。しかし煩瑣《はんさ》になることを恐れて、その構築性や虚構性をとくに指摘する場合を除いて、本書では括弧をつけずに使用する。

本書の第I部では「どこから来て、そしてどこまで来たのか」というタイトルのもとに、フェミニズムを思想と運動の両面から歴史的に考察して、どのような問題系が浮かび上がってくるかを論じたい。したがって第I部は、これまでのフェミニズムの概括であると同時に、わたし自身の視点と問題意識で切り取ったフェミニズムの歴史である。現在のフェミニズムの理論はあまりに「理論的」で、実践や運動から乖離《かいり》しているという批判が、フェミニズムの内部からさえ起こっている。しかし理論の軌跡はつねに、過去の実践が経験してきた困難さやアポーリアに分け入り、またそのすぐそばまで来ながらも避けて通ってきた事柄に対峙して、わたしたちの生の荊棘《いばら》を解きほぐそうと試みる現実的で内在的な願いの軌跡である。第I部では、実践と理論、歴史と構造の相互連関性に目を向けたい。

女性解放思想もふくめてフェミニズムの歴史を大きく概観すれば、フェミニズムは、法的・制度的な権利の要求から、社会的な慣習の再考へ、さらにはセクシュアリティや愛という心的・身体的な事柄の追求へと推移していったと言えるだろう。むろんこれらの考察対象は相互に関連しており、けっして直線的・段階的に移行してきたわけではない。その歴史的経緯をふまえつつ、第Ⅱ部では「どこへ行くのか」と題して三章に分け、これとは逆の順番で、「身体」「慣習」「グローバル化」に焦点を絞り、各章で考察したいと思っている。

その理由は、もっとも個人的なものと見なされている心的・身体的なものに関する認識や行為の変容をみずからに課すことなく、どのような社会的慣習や政治的制度の変革も、究極的にはありえないと考えているからであり、そのように一見して「個人的な」認識や行為の変容が、個人をとりまく――あるいは個人そのものである――社会の姿を変えていくと考えているからである。またさらには、わたしたちはもはや、参政権運動といった一国のなかで解決しうる政治の世界に生きてはいない。好むと好まざるとにかかわらず、わたしたちの政治の問題は、「地球《グローブ》」の問題でもある。性の制度とて、その例外ではない。そしてたしかにグローバル化はこの意味で現代の概念であり、とくに最近の経済的・政治的・文化的な距離の圧縮と変形によって推進されているものではある。しかし一九世紀中葉にはじまった一国の参政権運動が、すぐに「国際女性協会」(一八六八年創設)や「国際女性評議会」(一八八八年創設)に向かっていったように、性の制度を国境を横断して考察する必要性は、現代だけの要件ではない。むしろフェミニズムがそれぞれの局面で直面してきた――なおも直面している――さまざまな(ネオ)コロニアルな問題を、近年かしましいグローバル化の呼び声のなかにかき消されることなく、引き続いて考察するにはどのような視野が必要なのかを、最後に考えてみたい。

なお本書で論考の資料として使う理論や運動は、おもにアメリカ合衆国のものである。わたし自身の専門がアメリカ文学であるという理由のほかに、フェミニズムを理論や実践の面から大きく可視化してきたのはアメリカ合衆国のフェミニストたちであり、またそれが、グローバル化を含め、多くの問題を二律背反的に示してきたものでもあるからだ。

# 目　次

# Ⅰ　どこから来て、そしてどこまで来たのか

あなたたちは忘れるかもしれない。けれどもこれだけは言っておきたい。いつの日か、誰かが、わたしたちのことを考えてくれるだろうということを。

――サッフォー



## 前＝啓蒙主義の時代

フェミニズムという語を現在使うことの問題系と、それを踏まえてのわたしの姿勢は「はじめに」で述べたとおりだが、フェミニズムはそれほど古い言葉ではない。この言葉が英語で最初に使われたと記録されているのは一八九五年、一般に流通しはじめるのは一九一〇年代以降のことである。しかしそのまえに、「女の権利の主張」がなされなかったわけではなかった。フェミニズムという言葉こそ存在していなかったが、これ以前にすでに、女の社会参加と自己実現の権利を求める考え方は出現していた。フランス革命（一七八九―九九）やアメリカ独立戦争（一七六五―七六）を導き、またそれらによって

鼓舞された一八世紀の啓蒙思想は、自由と平等に基づく共和国家の市民像を提示したが、その理想はまた、一八世紀末に——そして啓蒙思想が伝播していくにつれ、その時代・その地域に——女の平等な権利と機会を求める思想や運動に連動していった。

たとえばフランス革命にも参加したイギリス人のメアリー・ウルストンクラフト(一七五九—九七)は、幼い頃から女の抑圧や不平等に憤りを感じ、独学して研鑽《けんさん》を積んで、女子学校を創設したり、結婚制度に反対するなど、急進的な行動を展開した。また彼女は執筆活動においても、『女子教育考』(一七八七)や『女性の権利の擁護』(一七九二)などを上梓して、啓蒙思想家でありながら女の劣性を説いたジャン・ジャック・ルソーの記述に挑戦して、啓蒙思想の理念は男のみならず女にも当てはまると主張した。ウルストンクラフトは、女の隷属的な社会的位置の原因は、男への従属をまちがって教えられることや、情緒的な側面を強調されることや、知識へのアクセスを遮断されることにあると述べたが、彼女の著作は、奔放な彼女の生き方とともに、当時の読者に賛否両論を招きつつ、大きな反響を呼び起こした。『女性の権利の擁護』は、フェミニズム理論の「古典」とみなされている。しかし男女の不平等を弾劾して女の解放を求める書物が、この時代にはじめて登場してきたわけではない。

ウルストンクラフトにおそらく影響を与えたと思われるメアリー・アステル(一六六八—一七三一)は、一七世紀末に、女が知識から遠ざけられていることを問題にし、『淑女たちへの重大な提言』(一六九四)のなかで男中心の学問体系を批判して、女子学校を創設しようと試みた。この試みは神学者からの反対にあい挫折したが、アステルはさらに『マザリン公爵夫妻の結婚事例からの考察』(一七〇〇)を執筆して、男中心の社会を弾劾していった。またアフラ・ベーン(一六四〇—八九)は女の社会的な自立性を主張し、女の視点から劇、小説、詩を書いた。著作には、チャールズ二世の廷臣の情事を扱った劇『流浪者』(一六七七)や劇『強いられた結婚』(一六七〇)、奴隷問題を最初に取り上げた小説『オルーノコ——宮廷奴隷』(一六八八)などがある。さらにそのまえ一六世紀末には、ジェーン・アンガーという筆名の女性が、『ジェーン・アンガーの女性弁護——色事に食傷した元恋人や、女の気遣いにうんざりしたと不平をこぼす好色家たちの中傷的な風評から女を擁護するために』(一五八九)という長い副題をつけた抗議書をロンドンで出版した。もっと以前の一五世紀初頭には、ヴェネツィアに生まれフランスで活躍したクリスティーヌ・ド・ピザン(一三六四—一四三〇頃)が、『淑女たちの都』(一四〇五)などを執筆し、ヴァージニア・ウルフ(一八八二—一九四一)よりも五〇〇年もまえに、文学のなかに女性蔑視が存在していることを批判して、これまで看過されてきた過去の女の業績を記録する仕事をみずからに課した。

他方、社会運動や制度面でも、啓蒙期のまえ一七世紀中葉の宗教運動の時代に、教会をとおさずに個人の魂の救済を求める新しい宗教の伝播にともなって、女にも同様の処遇を求める政治活動がなされた。初の女性運動は、一六四二年、女たちが信徒としての権利と婚姻上の権利を訴える陳情書を英国議会に提出したことに始まったと言われている。さらにそのまえ六世紀には――執政者の側からという特殊な事情ではあるが――夫ユスティニアヌス皇帝とともに統治に参与していたビザンチンの女帝セオドーラ(四九七―五四八)が、女の権利に着目して、離婚法の改正や、娘の相続権や妻の財産権の整備、買売春のとりしまりを法制化した。そして紀元前六世紀には、古代ギリシアの男中心の学問をよそに、レスボス島の女の学校では、サッフォーが音楽と詩を教え、奔放な官能や女の自足性の具現である女神アフロディーテーを信奉していた。

## 錯綜性と矛盾の胚胎

このように著述においても活動においても、女の権利と平等の主張は啓蒙主義が流布する以前にもなされていた。しかし社会のある程度の成員を巻き込んで、組織的・継続的に女の活動や主張が展開されるようになったのは、近代の市民国家が形成されはじめるころ、一九世紀になってからである。その大きな原因はやはり、啓蒙主義によって個人の自律と平等が謳《うた》われ、社会はその理念に基づいて形成されるという考え方が流布してきたことである。日本でも女の権利の主張が政治的になされはじめるのは、近代化が唱えられた明治期のことである。しかし女性運動の揺籃《ようらん》期が近代社会成立の時代であったこと――つまりこの運動が、一方で啓蒙主義をかかげつつ、他方で資本制と植民地政策を推し進める近代社会の中心的な階層の内部で生まれたこと――は、当時の女性運動や思想に、複雑さと矛盾をもたらすものとなり、それらは解決されないまま姿を変えて、現在のフェミニズムのなかにも内包されている。換言すれば、現在のフェミニズムに見られる複数性や対立は、現在、唐突に出現したものではなく、フェミニズムがかかえる歴史的・構造的な事柄だと言えるだろう。

前述したウルストンクラフトも、彼女以前の活動家や著述家も、女に対する抑圧からの解放のためには、単に男と同じ社会的権利を要求するだけではなく、そのような性の不均衡をもたらしている社会の深層構造をラディカルに変える必要があることを、大なり小なり認識していた。むろん一九世紀に登場したさまざまな運動や思想も、個別的な例においては、その視点にアクセスしていた。しかし全体としては、初期の女性運動や思想は、まず一国内部の政治的な権利を獲得すること、とくに参政権を獲得することに向かった。

それは、内実はどうであれ個人は平等であり、国家を構成する国民として等しく参政権を有するという近代社会の理念上の前提が、性差という「所与」(とみなされていたもの)の差異によって不当に歪められていたためである。だが参政権をめぐる不平等は、性差に因っていただけではなく、収入や人種・民族による差別にも因っていた。したがって参政権の獲得が中心的な話題になるにしたがって、女性運動は、同じく参政権を剝《はく》奪《だつ》されている他の集団を視野に入れる姿勢と、主流階層の女の参政権獲得をまず求めようとする姿勢、あるいは参政権以外の面では保守的な考え方と、それ以外の女の解放も求める急進的な考え方に、複雑に分化することになった。女の参政権運動をめぐって生じた分裂は、「女の解放」というときの「女」の指し示すものの不安定さや、「解放」という意味の多義性や複層性を、このときにすでに予示していたと言えるだろう。

## 初期の女性運動――セネカ・フォールズ大会の場合

女性運動がその初期にすでに胚胎《はいたい》していた錯綜性や矛盾を示す例として、アメリカ合衆国の場合を見てみよう。女の権利獲得のための大々的な大会が北米で最初に開催されたのは、独立戦争から七〇年余りたった一八四八年七月、ニューヨーク州セネカ・フォールズでのことである。二日間にわたって開かれた大会には、当時としては画期的な人数の三〇〇人余りの人々――そのなかには男たちもいた――が、セネカ郡のみならず近隣各地から集まり、第一回大会は成功裡に終わった。これを機に女性解放を求める動きは大きなうねりとなって、翌月には第二回大会がニューヨーク州ロチェスターで、さらに続いてオハイオ州、マサチューセッツ州、インディアナ州、ペンシルヴァニア州で開催されていった。このののちセネカ・フォールズはアメリカ合衆国の女性運動の発祥地として記憶されることになるが、この大会には、女性運動をめぐっていくつかの特筆すべき点があると思われる。

一つは、参政権を求める決議案が僅《わず》かの差で採択されたことである。この大会では「独立宣言」をもじった「所感宣言」が提出され、宣言文に続いて一二の決議文が書き込まれた。そのうち、法律や教育や職業選択などにおける男女の平等を求める一一の決議文については満場一致で採択されたが、参政権要求の項目はかろうじて僅差で可決された。むろんこのことは、参政権は、当時は女でさえそれを持つことをあまりに急進的だと思っていたほどに、女に対して根本的に拒否されていた重大要件であったことを示しているが、他方で、一九世紀の女性運動がそのはじまりにおいては、けっして参政権運動のみを指向するものではなく、男女の社会的意味づけの不均衡をまず弾劾するものだったことを示唆している。

たとえば決議文の項目のなかには、「社会的状況において女に求められるべき美徳や繊細さや優雅なふるまいは、同じく男にも要求されるべきであって、それに逸脱した場合は、男女に同等な厳正さで罰せられるべきである」とか、「〔能力とその行使に対する責任は男女に同等に授けられているという〕真理に反するものは、いかなる慣習や権限といえども――たとえそれらが近代的なものだろうと、あるいは太古から長きにわたって是認されてきたものだろうと――明らかな誤りであり、人類とは相容れないものであるとみなされなければならない」というくだりがある。こういった見解は、「所感宣言」が「独立宣言」をもじって起草されたことを考えれば、啓蒙思想のリベラリズムに立脚したきわめて典型的な一九世紀のマニフェストではある。

しかしこの見解が意識・無意識にかかわらず暗示している事柄は、男女に分離したカテゴリーに対する根本的な問題提起であり、しかもそのカテゴリーが本質的なものではなく、近代のみならず、ときに古代にまで遡って社会的に構築されたものだという認識である。のちに述べるように、女性運動の誕生と隆盛にもかかわらず、一九世紀は、近代国家において新しい形態の性差別《セクシズム》が巧妙に配備されていった時代である。その黎明期に登場した女性運動は、それ以降女に対して付与されることになる恣意的な社会的意味づけを根本的に疑いうる視点――現代のフェミニズム批評に共通する視点――を、当時の語彙の制限はあるにせよ、すでに提示していたと言えるだろう。

注目すべきことの二つ目は、セネカ・フォールズの大会を企画した二人の女(ルクレシア・モットとエリザベス・ケイディ・スタントン)を結びつけた機縁が、奴隷制反対運動だったことである。彼女たちに女性運動の必要性を自覚させたのは、彼女たちが出席しようと出向いたロンドンの奴隷制反対大会(一八四〇)で女の代表者の出席がすべて拒まれたことだった。ルクレシア・モット(一七九三―一八八〇)はアメリカ女性のなかでもっとも著名な奴隷廃止論者で、また貧者の雇用や救済にも尽力した人物だったが、彼女をはじめとして初期の女権論者の多くは、女の権利や平等の主張だけでなく、人権をめぐるさまざまな抑圧に当初より目を向けていた。だがこのことは皮肉にも、南北戦争後、自由民になった黒人に対して参政権が与えられると(一八六八)、希望ではなく、大きな失望を女たちにもたらした。なぜなら参政権を与えられた黒人は男のみに限られ、白人女性たちの強い要求にもかかわらず、新たに女の参政権を要求することは時機尚早であるとみなされ、黒人女性もまた、まず黒人男性の利益を優先することを強いられたからである。女性参政権運動は、その初期において、皮肉な方面から頓挫《とんざ》することになった。

そして人種と性をめぐるこの屈折した経緯が、一九世紀後半の女性運動を、保守的な上・中流階級の女を中心に組織され参政権獲得を焦点化する「アメリカ女性参政権協会」(AWSA)と、結婚制度の根本的な改革や女の社会進出に積極的な姿勢をしめす急進的な組織「全国女性参政権協会」(NWSA)の二つに分裂させることになり、相対的に運動の力は弱まっていった。結局この二つの組織は一八九〇年に、前者の保守派に吸収されるかたちで、新しく設立された「全米女性参政権協会」(NAWSA)に統合されたが、内実は停滞していった。この経緯は、性にまつわる抑圧が単独で社会のなかに存在していないこと、性の抑圧からの解放が——その抑圧の自覚においても、抑圧の範囲や深さの認識においても、また抑圧を解消する手段においても——階級や人種などと相互に関係した複雑な地勢のなかで推移していくものだということを示している。

最後に付け加えておきたい点は、セクシュアリティに関してである。これはセネカ・フォールズの大会そのものに関係している事柄ではなく(もしかしたらその要素があったかもしれないが、わたしの知るかぎりではその記録がない)、大会を企画した二人のうちの一人エリザベス・ケイディ・スタントン(一八一五―一九〇二)と五〇年間の友情と協力関係をはぐくんだスーザン・B・アンソニー(一八二〇―一九〇六。アメリカでもっとも尊敬されているフェミニストの一人で、女性参政権を認めた法案は、彼女の名に因んで「アンソニー憲法修正法案」と呼ばれている)に関する記載から推察されることである。

リリアン・フェダマンは『男との愛を超えて』(一九八一)の脚注で、アンソニーが一八六八年にアンナ・ディキンソンに宛てた手紙のなかで「ダブル・ベッドがあるから、あなたを泊めるには十分だし、快適よ」と語ったくだりを引用している。むろん当時女が二人同じベッドで寝ることは、かならずしも性愛的な意味をもつものではなかった。しかしまたそこに、性愛的な意味がなかったと断言することもできない。というのも、一八六〇年代には女同士の交情を「逸脱」として排除する言語がまだ存在しておらず、「ロマンティックな友情」や「ボストン・マリッジ」という名のもとで——表面的には脱性化されながら、内実は問われずに――社会的に承認された環境があったからである。事実この脚注は、二〇世紀初頭の社会運動家エドワード・カーペンターが、一九世紀中葉の女性運動のなかには「女同士のあいだの同種的[同性愛的：フェダマン注]な情熱がはっきりと醸成されていた」と述べた箇所を引用するさいに、フェダマンが補足的説明としてつけ加えたものである。

同時代のマーガレット・フラー（一八一〇―五〇）は、ヨーロッパに滞在していたためにセネカ・フォールズの大会こそ出席しなかったが、フェミニズムの古典の一つである『一九世紀の女性』（一八四五）を大会が開催された年に出版し、アメリカの女性運動を推し進めた一人と目されているが、彼女のまわりにも女同士の情愛があったことが、彼女自身の書簡やラルフ・ウォルドー・エマソンの随想のなかに残されている。そして女同士の私的な交流は、そのころの文学作品のなかにも――早い時期から雑誌に小説を寄稿していたローズ・テリー（一八二七―九二）や、『若草物語』の作者ルイザ・メイ・オルコット（一八三二―八八）といった当時台頭してきた女性作家のみならず、ナサニエル・ホーソーンやオリヴァー・ウエンデル・ホームズといった「大御所」の男性作家の作品のなかにも――直接あるいは間接に書き込まれている。しかし一九世紀半ばに顕著にみられるこのような女同士の情緒的で、ときには官能的な交流は、その直後に押し寄せる異性愛主義によって埋没させられ、公的なフェミニズムの歴史においても正典的な文学史においても、つい最近まではほとんど語られることはなかった。もっと正確に言えば、このような交流はその後も形を変えて存在していながらも、フェミニズムや文学史のなかに正確に位置づけられることは躊躇《ためら》われてきた。セクシュアリティは、抑圧的な性体制からの解放を求めるときにかならず直面する事柄であり、事実さまざまな形で現実に出会ってきたにもかかわらず、それをはっきりと分節化する言語は、容易に生まれえなかったのである。

## 第一波フェミニズムと「ドメスティック・イデオロギー」

参政権の要求を主軸に据えた女性運動は、二〇世紀半ばに台頭した女性解放運動と区別するために「第一波フェミニズム」と呼ばれ、英米では一八六〇―八〇年代にはじまり、一九二〇年代に終息したとみなされている。この単元の冒頭で、一九世紀末にフェミニズムという言葉が「女の権利の獲得」という意味で使われはじめ、一九一〇年代に人口に膾炙《かいしゃ》したと述べたが、その意味でも第一波フェミニズムは、フェミニズムという語ではじめて認知された女性運動である。

前節で述べたように、アメリカ合衆国では一九世紀後半に参政権運動は分裂し停滞していたが、それに業を煮やした若きフェミニスト、アリス・ポール(一八八五―一九七七)はイギリスに渡り、その地の闘争的な女性参政権運動家《サフラジェット》たちから学んだ戦術をアメリカに持ちかえって、あらたに「女性参政権議会連合」(CU)を組織し、宣伝活動やロビー活動で効果的な成果をあげて、一九二〇年に女性参政権を認める憲法修正案第一九条(アンソニー憲法修正法案)の批准にこぎつけた。イギリスでもいくつかの経緯をへて、女性参政権は一九二八年に認められた。ちなみに世界でもっとも早く女の参政権を認めた国はニュージーランドで(一八九三年)、旧ソビエト連邦は一九一七年、非欧米諸国ではエクアドルが一九二九年、アジアではタイが一九三二年、日本はフランスの翌年一九四五年である。

もちろんアメリカにおいてもイギリスにおいても、参政権獲得にいたる道のりは平坦なものではなく、権力との小競り合いや投獄、それが原因での死者さえも出すほどの切迫感と熱意に裏打ちされたものだった。また参政権運動の成功は、法制的にも象徴的にも女の公的なアイデンティティを確立させ、抑圧からの女の解放を告げる大きな里程標《りていひょう》であったことも確かである。しかし第一波フェミニズムは、性抑圧に対するさらに根源的な問いかけや、法的・制度的な種々の性差別に対する(参政権運動と同等の規模と強度の)運動に、継続していかなかった。たしかにその理由のひとつは、英米の参政権運動の成功の直後に、世界恐慌と第二次大戦が起こり、女性運動にとっては不利な社会的・政治的状況が出現したことがあるだろう。しかしそれよりももっと根本的な原因は、第一波フェミニズムの時期が、ちょうど近代社会における新しい性抑圧の様態が出現し浸透する時期と、同時だったからではないだろうか。

少なくとも資本主義体制をとる近代国家においては、性は、市民(国民)を、資本主義社会が要請する人格/身体に、また国民国家の体制に合致する人格/身体に仕立てあげるために動員された主要な装置だった。それは、人をはっきりと男か女に弁別し、そして男には公的領域、女には私的領域(ドメスティックな領域)を振りあて、さらには女を、家庭《ドメスティック》のなかのまともな女と、家庭のそとで働くいかがわしい女、また敬意を払うべき国内《ドメスティック》の女と、敬意を払わなくてもよい国外の女に分断するものである。この近代の性規範は、中産階級の性道徳と呼ばれているが、わたしはドメスティックという語に「家庭」と「国内」の二つの意味をこめて、もうひとつの呼び名「ドメスティック・イデオロギー」を使いたい。そして偶然と言うよりも、むしろ必然的に、第一波フェミニズムの時期は、このドメスティック・イデオロギーが「女」を構築する時期だった。

　たしかにこの時期にも、「国際女性評議会」(ICW)や「国際女性参政権同盟」(IWSA)といった、労働者階級や国外の女たちと連帯を図ろうとする試みはあったし、またマティルダ・ジョスリン・ゲージ(一八二六―九八)のように、参政権獲得を最終目的とはせずに、家父長制そのものを批判したり、少数民族に対する国家の取り扱いや、労働者の搾取などにも目を向ける革新的で、広い視野を備えたフェミニストがいたこともたしかである。しかし皮肉なことにドメスティック・イデオロギーは、女性運動を推進する当のフェミニストにも何らかの形で――あるいはフェミニストの多くが知にアクセスすることができる中産階級の出身であったために二律背反的な形で――浸透し、第一波フェミニズムは、大勢としては、ドメスティック・イデオロギーを大なり小なり内面化したフェミニストたちによって、その継続的な運動の進展や、性規範の抜本的な批判を内部規制してしまう傾向にあったと言えるだろう。

事実、「国際女性参政権同盟」に賛同したフェミニストは、ひときわ革新的な思想をもっていたにもかかわらず、選挙権を普通選挙権としてすべての女に求めるか、階級的特権をもった女のみに暫時的に求めるかということで、年次大会ではつねに議論が紛糾した。またゲージは活動家・著述家として初期フェミニズムに多大な貢献をし、かつ現代のラディカル・フェミニズムにも通じる強力な思想をもっていたにもかかわらず、そのあまりの急進性ゆえに――彼女とともに闘ったアンソニーやスタントンはその後も尊敬すべきフェミニストとして敬意を払われているのに比べて――彼女の業績は当の女たちからも忘れ去られて、フェミニズムの記録のなかにもほとんど記載されてこなかった。また一八九二年にシャーロット・パーキンズ・ギルマン(一八六〇―一九三五)が発表した「黄色い壁紙」は、規範的な妻や母であることを強要する性体制がいかに女を苛み、さらにその〈治療〉がいかに女を狂気にまで仕立てあげるかを迫力に満ちて描いた小説だが、一九七〇年代にフェミニズムのテクストとして再評価されるまでは、単なる恐怖小説として位置づけられていたにすぎなかった(もっともギルマンのなかに人種差別的な言説があることが最近指摘されている)。第一波フェミニズムは、参政権獲得という政治的に可視的な成果をおさめたが、既存の〈政治〉を根本的に問題化する急進的で先鋭的な試みの多くは、挫折したり、別様に解釈されたり、忘却されて、半世紀以上ものあいだ——そのなかの一部は今でもなお——歴史の廃墟のなかに埋もれてしまった。

## 第二波フェミニズムとマルクス主義

第一波フェミニズムが参政権運動という制度的な権利獲得を主軸に据えたとすれば、一九六〇年代後半に始まった第二波フェミニズムの特徴は、制度を支えている考え方自体を問う方向へとむかった。それは性差別的な政治制度だけではなく、政治をになう個人の認識や、それまで政治とみなされなかった個人関係を問題化することだった。「個人的なことは政治的なことである」という有名なスローガンは、第二波フェミニズムの特徴を端的に言い当てている。

そして初期の女性運動が性差別だけに対する抗議から始まったわけではないように、第二波フェミニズムもまた、六〇年代の新左翼運動——学生運動、反戦運動、公民権運動——を契機に始まった。これらの運動を特徴づけていた社会的権利の主張や平等思想、また強圧的な権力行使への抗議、個人を重要視する対抗文化《カウンター・カルチャー》の思想などを共有して、これらの運動に携わり、まただからこそ、そういった運動や思想のなかにさえ根深く存在している性差別に失望した女たちによって、六〇年代末以降、性の抑圧体制に対するさらに根本的な問題提起がなされることになった。第二波フェミニズムを生みだした土壊が新左翼思想であったことは、第二波フェミニズムが当初「女性解放運動」(ウィメンズ・リベレーション・ムーヴメント。日本では短縮して「ウーマン・リブ」)と呼ばれていたことからもよくわかる。

第二波フェミニズムはこののち新左翼のみならず、広範囲の思想や理念や運動を含みこむ大きな潮流となっていくが、マルクス主義との関わりは退行したわけではなく、マルクス主義自体の新しい解釈――八〇年代以降の「ポストマルクス主義」や、九〇年代以降の「カルチュラル・スタディーズ」における文化的左翼や社会的左翼――に呼応して、かつそれらの議論に積極的に貢献するかたちで、さまざまな問題提起をおこなってきた。また第二波フェミニズムは学生運動や反戦運動や公民権運動を契機に、それに後続して始まったが、それらの運動が七〇年代以降の右傾化によって当初の勢いを失い、衰退していったのに比べて、フェミニズムは数々のバックラッシュを経験しながらも、実践面でも理論面でも継続して――というよりも着実に成果をあげて、それ自体を拡大しながら――今に至っている。

マルクス主義に鼓舞されつつ、男中心のマルクス主義の限界を強く意識したフェミニストたちは、生産様式が単なる「もの」を生みだす生産システムであるだけでなく、わたしたちの生命や社会通念を生みだし、維持し、価値づける再生産システムであると主張した。たしかにフリードリッヒ・エンゲルス(一八二〇―九五)のように、すでに一九世紀末にマルクス主義の内部で、資本制と家父長制の共謀を指摘した理論家もいたが(『家族、私有財産および国家の起源』一八八四)、労働・生産・余剰価値といったマルクス主義の語彙は、普遍化(すなわち男性化)された社会体制を説明するものだった。第二波フェミニスト(とくにマルクス主義フェミニストや唯物主義フェミニストと呼ばれる人々)は、近代の資本制においては、産業的な「生産労働」が家庭のそとで働く男の有償労働として評価されていくのに比べ、家事労働や出産・育児といった「再生産労働」は、家庭《ドメスティック》のなかの「女の仕事」として無償のまま残され、それにともなって前近代とは異なった、むしろさらに包括的で、制度的で、イデオロギー的な性差別(ドメスティック・イデオロギー)が発生していることを指摘した。

ドメスティック・イデオロギーでは、家庭のそと(社会)で働く男は、積極的で、活動的で、合理的で、社会性があり、持続的な仕事をおこなうに足る身体的な恒常性をもつと考えられ、家庭のなかで働く女は、そのような男を背後から支えて援助する役割を果たすために、従順で、消極的で、温和で、情緒的で、社会性がなく、(家庭内のことでさえ重要事項は男が決断するので)決断力が乏しく、(妊娠・出産・育児のために)外で働くための身体的な恒常性をもちえないとみなされた。男女の領域の分離にともなう、この男性性と女性性の神話は、資本主義によって勃興した中産階級がみずからの階級的卓越性を作りあげるために案出されたものだが——したがって実際には、低賃金で働く労働者階級の女は存在していたが――中産層の拡大につれ、社会全体に波及する価値観となっていった。そしてこの価値観は資本主義社会のなかでは、フェミニズムが進展している現在においてもいまだに根強く残っており、「女」のみならず「男」を抑圧している。ちなみに、女に無給の家事労働を振りあて、夫や子供の世話《ケア》をするのに適切な属性(優しさや濃《こま》やかさ)を求める核家族のドメスティック・イデオロギーは、近年になってもなお残存し、老人の看護《ケア》を当然のように女に求めて、女の自由を奪うとともに、高齢化社会の問題を先送りする事態を発生させている。また女の社会進出のプロセスにおいてもこのイデオロギーは影を落とし、まず最初に女に与えられた職業は、女性性と考えられているものに合致するような看護婦や秘書や決裁を求められない事務職などで、多くの職種に女が加わるようになった現代でも、巧妙な性別分業(「ガラスの天井」)がそのなかに新たに発生している。また、女が表面上は平等に学問研究にアクセスできるようになった今でも、人文科学と比べ、法学や経済学や自然科学などでは、自己規制や社会規制がはたらいて、学生数において、いわんや教員数においては甚だしく、男女の比率が偏っている。

　マルクス主義フェミニズム――とくにクリスティーヌ・デルフィ(一九四一―)――の功績は、この根深い性規範の歴史性を指摘したことである。彼女たちは、女性性と男性性の神話が先に存在して、それによって近代の家父長制が作りだされたのではなく、資本制を保持するための中産階級的な家父長制が――前近代にも存在していた性差別的な思考を拡大・強化して――このような神話を捏造し、それを自然化、普遍化していったと分析した。この意味で近代の資本主義的な家父長制社会は、性に関して、歴史的に未曾有の巧妙で強力な洗脳と規範化を、その成員に対しておこなってきたと言えるだろう。前にも述べたように、近代以前にも女の平等や権利を求める主張は存在していたが、近代になって、参政権獲得をはじめとして女性運動は大きく前進した。したがってともすれば、近代はそれ以前の時代よりも、女に対する抑圧は段階的に解消されてきたと錯覚しがちである。だがわたしたちが現在、被害者かつ媒介者《エイジェント》として関わっている性体制は、けっして生物学的な性を拠り所とした非歴史的で不可避的な体制ではなく、その大部分が、資本主義社会が歴史的に生みだした近代の所産であることを忘れてはならない。

## ジェンダー

上記の視点は、狭義の意味でのマルクス主義(唯物主義)フェミニズムのみならずフェミニズムに携わる人々に、性抑圧の分析ツールとしての「ジェンダー」概念を採用させることになった。生物学的な所与の性差と考えられている「セックス」と比べ、「ジェンダー」はセックスの差異のうえに構築される「社会的・文化的な性差」、いわゆる「男らしさ」や「女らしさ」だと理解されている(この因果関係に対しても、のちに疑義が突きつけられる）。このジェンダーの定義は心理学者のロバート・ストーラーが一九六八年に定式化したものだが（『セックスとジェンダー』）、「ひとは女に生まれない、女になる」で始まるシモーヌ・ド・ボーヴォワール（一九〇八—八六）の『第二の性』（一九四九）の有名な冒頭部分は、かなり早い時期に、ジェンダーの社会構築性を見事に語っている。幼児は自然に「女」に育つわけではない。成長の過程で授けられるさまざまな扱いや教育や情報や社会的環境が、幼児を「女」にしていく。

したがってジェンダー規範は、男特有、女特有の行動パターンを生みだし、男女の領域を分離して、社会的な権利や機会の不平等に導くだけではない。内面化されて「男らしい心映え」や「女らしい心根」といったフィクションを作りだし、また身体化されて「男の身体」「女の身体」の理想像や美学を生みだしてもいる。このように行動・精神・身体までも網羅するジェンダー規範は執拗にわたしたちにとり憑き、わたしたちが、たとえ社会的権利の不平等に対してはフェミニズム的な思想をもって異議を申し立てても、個人の気質という点では「男らしさ」や「女らしさ」の神話から逃れられなかったり、身体の認識という点では「男の身体」や「女の身体」の固定観念を打ち破れない場合も、いまだに多々見受けられる。しかし他方で、ジェンダーを社会的な性とか文化的な性という場合、その性はどこまでを包含するのかという問題——つまり、性欲望や性行為は男女にはっきりと分かれた本能であるとか、生物学的・身体的な性別はやはり所与のものであるという主張、あるいはそれらもすべて社会構築されたもの、すなわちジェンダーであるという見方――が浮上し、この点についてはフェミニストのあいだでも意見が分かれた――いまだに分かれている。

そもそもジェンダー規範の問題点は、まず第一に、ジェンダー規範は「男」と「女」という二極化され分離されたカテゴリーを作りだし、そのどちらかに人を当てはめるということ、第二に、このジェンダーの二分法は階層秩序をもつものであり、〈二つの差異〉ではなく、〈一つの差別〉を意味しているということだろう。

二番目の差別構造について先に述べれば、ボーヴォワールも指摘しているように、社会には二つの性があるように見えるが、じつは一つの性しか存在しておらず、それは「男」という性である。逆説的なことだが、社会に一つしか性がない――男という性しかない――ということは、男は、弁別されるために性を持ち出さなくてもよいということである。だから男は性によってしるしづけられることはなく、「普遍的な人間主体」になりうるが、他方、女は、普遍ではない「特殊」、主体にはなりえない「他者」、性によってしるしづけられている存在だとみなされる。女はその特殊な性であることが強調されて、「ジェンダー化された存在」と解釈されるのである。ジェンダーという概念は社会的に構築された「男らしさ」や「女らしさ」であるゆえに、原理的には「男のジェンダー」と「女のジェンダー」として分析すべきだが、ときおりジェンダーは「女」のことであるとか、「ジェンダー研究」は「女性学」であると考えられるのは、このメカニズムに起因している。またさらには、「男」は、特殊な存在の「女」がいなければ、普遍的な存在になりえない。「男」は、「男」ではない存在を作りだすことによってのみ――つまり「女」というもうひとつのカテゴリーを作りだすことによってのみ――みずからのカテゴリーを保持することができる。ヘーゲルの主人‐奴隷の弁証法と同様に、「男」は、周縁的で特殊な位置にある「女」に依存してはじめて、中心的で普遍的になりうる。したがって二分法の思考は、二つの平等な差異を水平的に並存させるものではなく、一つの垂直的な階層秩序を求めるものである。

この普遍‐特殊のジェンダーの階層秩序は、日常生活の処々に観察される。たとえば、英語でもフランス語でも「男」を意味する“man”“homme”という単語が、普遍的な「人間」という意味に通常解釈されていることは、その典型的な例である。日本にはこのような言語上の用法はないが、もっと一般的に、たとえば「労働者」（とくに「熟練労働者」）というときにまず最初に思い浮かべられるのは、日本でもたいていの場合――ジョーン・スコットがフランスについて分析したのと同様に（『ジェンダーと歴史学』一九八八）――「男の労働者」である。逆に労働者のなかでも「パート従業員」のように、しるしづけられ、特殊な位置におかれる職種は――それ自体には表面的にはジェンダーの差異が表現されていないにもかかわらず――不利な環境で働く「女のパート従業員」をおおむね連想する場合が多い。一見して現象的な事実を中立的に指示しているように見える言語の無意識のなかに、男女の階層秩序が刻みこまれている例は、このほか日常的にさまざまな場所で散見されるが、第二波フェミニストの功績のひとつは、名称のなかに潜む性差別をはっきりと認識し、それに異議を申し立てたことである。たとえば普遍的／男性的カテゴリーとしての「スチュワード」(steward)に女のしるしを付け加える形で「スチュワーデス」(stewardess)と呼ばれることをフェミニストたちは嫌って、ジェンダー・バイアスのない「フライト・アテンダント」(flight attendant)の名称を定着させた。文法的ジェンダーをもつ言語を有する地域では(もともとジェンダーは文法的性別を示す言語学用語だった)、とくに名称におけるジェンダー・バイアスに意識的だが、日本でも、以前は男の作家は単に「作家」と呼ばれるのに比べ、女の作家は「女流作家」と呼ばれていたが、今では「作家」とのみ記載されるようになってきた。

それでは、もしもいつの日か男女の「差別」がなくなり、男女が平等な「差異」として認識されるようになれば、男女二つのジェンダーが存在していることには何の問題もないのだろうか。フェミニズムは、〈ジェンダーの廃絶〉のために闘うのか、それとも〈ジェンダーの平等〉のために闘うのか。このことはジェンダー規範の問題点として述べた第一の点――ジェンダー規範は「男」と「女」という二極化され分離されたカテゴリーを作りだしていること――に関係する。

ジェンダーは男女の社会的な性差である。ということは、社会のなかに「男」と「女」がいるということである。それはどういうことか？　それは、社会のなかに「男」と「女」以外の者はいないということであり、人はかならず「男」か「女」かのどちらか一方であるということだ。したがって「男」でもなく、「女」でもない「中途半端な」人間は、ジェンダー規範《ノルム》のなかでは存在することができない。「気味が悪い《クィア》」とか「異常《アブノーマル》」だとみなされる。ある側面をとれば「男」であり、べつの側面では「女」であり、さらにべつの側面では「男」であり……といった混雑的《ハイブリッド》な人間は（しかしすべての人間はこの混雑性を有しているのだが）、ともかくもその混雑性に蓋をして、どちらかのジェンダーに――ジェンダーは生物学的な性であるセックスのうえに構築されるものなので、セックスによって――強制的に振り分けられていく。しかしそもそもジェンダーは、社会的構築物のはずではなかったか。したがって、もしも社会的なジェンダーの属性が一人の人間のなかに首尾一貫してうまく当てはまらない場合には、首尾一貫した「男」や「女」のジェンダーであり続けることの方に無理があると考えなければならないのではないか。それを問題にしないで、生物学的な性差に立ち戻るのは本末転倒ではないか。もっと穿《うが》った見方をすれば、生物学的なセックスで有無を言わせず人を分類する思想をカムフラージュするために、あたかも社会的なジェンダーが人を弁別しているかのように語っているにすぎないのではないか。

なぜこのような疑問が発生するかと言えば、男女の性の「差別」が解消した暁に、なおもジェンダー区分を平等な「差異」として残しておこうとする思想は、その「差異」の根拠を社会的なジェンダーに置くのではなく、生物学的なセックスに置くものであるからだ。したがってその場合に想定されている差異は、所与の差異、すなわち本質的で、横断不可能な差異ということになる。ジェンダー概念そのものを廃絶するか、それともジェンダー概念を残しつつ——ということは「女」であることを保持しつつ——性差別に抗議するかという、「平等」をめぐるこのフェミニズムのジレンマは、いくつかの試行錯誤と内部分裂をフェミニズムにもたらしたが、同時に先鋭的で犀利《さいり》な議論をも生みだし、九〇年代になってセクシュアリティの革新的な理論が登場して以降、さらにこの議論は深められることになった。

## ラディカル性と連帯意識

家父長制に反対してジェンダー役割に異議を唱えただけでなく、レイプやポルノといった女に対する暴力に抗議し、女のセクシュアリティについても急進的《ラディカル》な発言をおこなった六〇年代末から七〇年代の北米のフェミニズムは、ラディカル・フェミニズムと言われている。ただしラディカル・フェミニズムの思想は、八〇年代以降も形を変えて継承されているので、ラディカル・フェミニズムを第二波フェミニズムの初期だけに限定することはできない。またその先駆的な主張は、すでに二〇世紀初頭に、『ハーランド』(邦題『フェミニジア』一九一五)で女だけのユートピアを描いたシャーロット・P・ギルマンや、女の革命を求めたロシアの無政府主義者エマ・ゴールドマン(一八六九―一九四〇)によってなされていたし、北米以外という点では、フランスのエクルチュール・フェミニンのリュス・イリガライ(一九三〇―。ベルギー生まれ)や、エレーヌ・シクスー(一九三七―。アルジェリア生まれ)、ラディカル・レズビアン・フェミニストのモニク・ウィティッグ(一九三五―二〇〇三。フランス生まれ)が、北米のラディカル・フェミニズムとほぼ同時期に、それと同様の、あるいはさらに革新的なセクシュアリティの理論的な問題提起をおこなった。その意味では、ラディカル・フェミニズムを、歴史的にも地理的にも局所的な思想や運動として片づけることはできない。だがこの時期の北米のラディカル・フェミニズムは、さまざまな政治行動を起こしたり、組織化して会合や集会をもったり、また先鋭的な主張を公的につぎつぎと発表することによって、第二波フェミニズムの初期の活動を盛り上げ、その大きな可視的部分を占めて、北米以外の地域にも広く影響を与えた。またこの時期のラディカル・フェミニズムは、フェミニズムの先鋭的な運動や理論が歴史的に経験するプロセスや、一つの差別に収斂する抗議が陥りがちな本質化の傾向を典型的に示している。

「個人的なことは政治的である」というスローガンが何よりもまずラディカル・フェ

ミニズムに当てはまることからもわかるように、この思想・運動は、個人の行動や姿勢だけではなく、個人の感情や欲望といったさらに私的な領域のなかに、性をめぐる権力関係が存在していることを指摘した。たとえば「性の政治学」というフェミニズムの基礎となった概念を提示したケイト・ミレット（一九三四―二〇一七）は、同名の著作（一九七〇）のなかで、性による支配は、政治や社会だけでなく個人的な事柄まで含むあらゆる方面で、文化のなかに深く浸透していることを説いた。またラディカル・フェミニズムの革命的な宣言とされている「膣オーガニズムの神話」（一九六八）を発表したアン・コートは、膣オーガニズムの神話は、挿入―射精―次代再生産という男の性欲望と生殖機能を機軸に女の性欲望を矮小化して作られたものであるから、女は自分自身の性の快楽（クリトリスの快楽）を取り戻さなければならないと主張した。

　性行為や性欲望まで視野に入れた急進的な問題提起が可能になった背景には、六〇年代の対抗文化によって、社会のなかに革新的で自由な気運が醸成されていたことがある。また私的な事柄を女たちのグループのなかで語ることで経験を共有し、無意識化されてきた抑圧を認識して意識変革をおこなう「意識高揚運動《コンシャスネス・レイジング》」は、ラディカル・フェミニズムが開発し、成果をおさめた草の根運動だが、そのような運動体を育てる土壌には、六〇年代の解放運動の連帯の趨勢があったと思われる。しかしラディカル・フェミニズムのもつ急進性と連帯意識は、同時に問題をはらむものでもあった。

初期の第二波フェミニズムの底流を支えていたのは、第一波と同様に、白人中流階級のフェミニスト(リベラル・フェミニスト)たちだった。彼女たちは、中絶や性欲望といった事柄については保守的な考え方をもつ者も多く、ラディカル・フェミニストの急進性に反発した。そのため一九六六年に設立された全米女性機構(NOW)は、ちょうど一九世紀後半の参政権運動のときと同様に、何度も分裂の危機にあった。たとえば、一九六七年の第二回大会では、中絶禁止法反対を「女性権利宣言」に盛り込むかどうかで意見が真っ向から対立し、七一年の第六回大会では、レズビアンの位置づけをめぐって内部論争が引き起こされた。中絶論争もレズビアンの位置づけも、フェミニストにとってはセクシュアリティをめぐる根本的な問いかけであるが、同時に、共に闘うフェミニストは誰かとか、生命は誰のものかという、さらに広範囲の問題をはらむものでもある。

中絶禁止法反対もレズビアニズムの承認も、家父長制の抑圧からの解放、セクシュアリティの自由、身体に対する自己決定という点から見れば、根本的にはフェミニズムの思想と矛盾するものではない。しかし中絶について言えば、女の特質として母性を尊重する考え方がフェミニズムにも根強く存在していることや、人種差別や民族浄化による不妊や堕胎の強制の歴史があったことや、世界の文化や宗教の固有性の尊重という点から見れば、単純に中絶法禁止の反対を訴えることはできない。この論争は、信条や人種や民族や文化や宗教が異なるフェミニストが共闘することの困難さを示すと同時に、

「女」の範囲や「女の問題」が提示する複雑さを示している。だが中絶論争は、その後も選択尊重《プロチョイス》派と生命尊重《プロライフ》派のあいだで論議を呼びながら、ともかくも第二回大会では禁止法反対の声明が出された。

しかしレズビアンの承認をめぐっては、議論は紛糾したまま、錯綜した状況を呈していった。『女らしさの神話』(邦題『新しい女性の創造』一九六三)の著者で、NOWの創設者で初代会長でもあり、第二波フェミニズムの創始者とされているベティ・フリーダン(一九二一―二〇〇六)は、レズビアンを「ラベンダー色(同性愛を意味する)の脅威」と呼び、フェミニズムにイメージ・ダウンをもたらす厄災として、彼女たちと共闘することを公然と嫌った。そのためフェミニズムのなかの同性愛嫌悪《ホモフォビア》は可視化され、フェミニズムはゲイとストレートに分断されることになった。だがティ＝グレイス・アトキンソン(一九三八―)のようにストレートの立場から、その分断の不合理さと政治的危険性をはっきりと訴えるフェミニストもいたし、アドリエンヌ・リッチ(一九二九―二〇一二)のようにレズビアンの立場から、官能性の有無にかかわらず、女同士の結びつきには歴史的にも個人的にも連続性があると主張した者もいた。しかし女をゲイとストレートに分断することに反対して、両者をともに男中心の体制に抗議する者(「女に同一化する女」)とみなす考え方が、一方で極端な分離主義を生み出し、他方でレズビアンの性愛を無化する結果になった。

このうち異性愛の男性中心主義に反対するラディカル・フェミニストの急進派(レズビアン・フェミニストと言われる)の一部は、男社会からまったく分離した女だけの共同体をめざす「分離主義」を唱えた。それに賛同する人々には、かならずしも女との性関係をもたない「政治的レズビアン」も数多くいた。しかし、そもそも個人の身体や感情の再定義であるはずのラディカル(根源的)な問題提起が政治的プロパガンダの様相をおびるにしたがって、また主流派フェミニストがこの問題を回避して口をつぐんだことによって、さらにはシュラミス・ファイアストーン(一九四五―二〇一二)のように、生殖主義のセクシュアリティからの解放を、当時としてはあまりに急進的な(今でも評価が定まっていない)クローンや人工子宮の科学技術に早急に求めたことで、セクシュアリティに関する問題は、過去の時代よりもはるかに可視化されたかたちで提起されたにもかかわらず、その追求は広い範囲で現実的かつ理論的に深められることはできず、社会の構成員全体の問題として説得的に提示されるにはいたらなかった。

### 本質主義

結局ラディカル・フェミニズム、とくにその分離主義が内包している大きな問題は、「女」の本質化である。ラディカル・フェミニズムの哲学をつくったと言われているメアリー・デイリー(一九二八―二〇一〇)の著作『ガイン／エコロジー』(一九七八)に典型的に見られるように、制度や個人のあらゆる面に浸透している男中心の思想から解放される唯一の道は、女特有・女中心の知の体系を創出することだと考えられた。「ガイン／エコロジー」はデイリーの造語で、男によって占有されてきた婦人科学(gyneco-logy)をもじって、「女」という意味の"gyn"と、生態を含めた体系的な知という意味の"ecology"を合成したものである。

この考え方は、性差別のために使われてきた本質主義的な決定論を逆手にとって、これまで抑圧されてきた女の思考や言語を、「女の本質」として積極的に見いだし価値づけることであり、それによって性差別のみならず、それ以外のさまざまな差別や抑圧を生み出している男中心の社会を変革しようとするものである。たしかに女の声が抹消されてきた歴史的状況を考えれば、女の声を取り戻す作業は不可欠である。たとえばエレイン・ショウォールター(一九四一―)が一九七九年に提唱した「ガイノクリティックス」は、今まで埋もれていた女の作家や女の記録、ジャンルやテーマに関する女特有の様式や構造を発掘しようとするものであり、この必要性はすでに一五世紀にクリスティーヌ・ド・ピザンが、また二〇世紀初頭にはヴァージニア・ウルフ(『自分だけの部屋』一九二八)が訴えていることである。しかも女特有の言語を求める思想は、北米のラディカル・フェミニストのみならず、ポスト構造主義を経由してラカンの男根ロゴス中心主義を批判したイリガライやシクスーにも、「女のエクリチュール」として共有されている事柄である。

だがそのさいに留意しておかなければならないことは、「女の言語」や「女の声」と言われるときの「女」は、どのような場合でも、抽象観念として以外には存在していないことである。しかしそれにもかかわらず、あたかも一様な「女」なるものが、いつも、どこにも、存在しているかのように語られる。

たとえばリッチは「強制的異性愛とレズビアン存在」(一九八〇)の論文のなかで、さきほども触れたように女同士の関係の連続性(「レズビアン連続体」)を主張した。その視点は、たとえば一九世紀中葉の女性運動のなかに存在していた「ロマンティックな友情」を〈発見〉し、それを、同様に――あるいはそれ以上に――箝口令《かんこうれい》が敷かれてきた二〇世紀初めのフェミニストとレズビアンの関係(たとえばローズベルト大統領の妻エレノアとレズビアンの交友)につなげ、さらには二〇世紀後半のラディカル・フェミニズムの「政治的レズビアン」につなげていくという意味では、重要な視点である。女同士の絆という見地から――縺《もつ》れ、消えかかっている糸をたぐりよせるように――今まで埋もれていたものをわたしたちのまえに引き出してくることは、フェミニズムの歴史の再解釈や、女のセクシュアリティの再定義にはなる。

だが他方で、その連続体を「女」同士の絆として捉えれば捉えるほど、個々の「女」の関係の歴史性や具体性や個別性は切り捨てられ、「女」として均質化された関係だけが残される。たとえば、「女」同士の絆の連続体に有色人はどのように関与していたのか——対等な身分で関与できたのか、あるいはその連続体からは排除されていたのか、それとも特殊な関係で(たとえば『風と共に去りぬ』(一九三六)のスカーレットとマミィのように、女主人‐奴隷の召使いという関係で)関与を許されたのか——という問題が隠蔽される。またたとえば、女同士の絆として認められるものの内実は、実際にはどのようなものなのか。たとえば女権論者のアンソニーとスタントンのように、敬意と愛情をはぐくむ対等な関係なのか。あるいは映画『制服の処女』(一九三一)に描かれているように、教師と女子学生という師弟関係、母娘関係を連想させる養育的関係なのか。あるいはサラ・オーン・ジュエットの短編「マーサの貴婦人」(一八九七)のマーサとヘレナの場合のように、従属的な位置にある者から憧憬と献身が注がれる関係なのか。それともそこには、映画『イヴの総て』(一九五〇)に見られるような模倣関係や逆転的な権力関係が出現しているのか。あるいは映画『テルマ・アンド・ルイーズ』(一九九一)の二人の女のように、社会から追放されることでその絆は深められていくものなのか。女同士の絆を結ぶそれぞれの女の年齢や経歴や立場や状況は異なり、その固有の位置から、それぞれに異なる女同士の絆を結んでいるのではないだろうか。そして意識/無意識にかかわらず、こういった絆のなかに通奏低音のように流れているホモエロティシズムは、リッチが言うように強制的異性愛から無縁なわけではなく、既存のジェンダー規範の言語が、そのうえに何らかの影を落としているのではないだろうか。たとえば対等な関係だと説明されるアンソニーとスタントンの場合も、スタントンはいわゆる「女らしい」濃やかな修辞に長けた文筆家で、アンソニーはいわゆる「男らしい」策略に富む戦術家だったと言われている。そのような女を、はたして同じ「女」として一括りにできるものだろうか。

本質主義は、カテゴリーを「保持する」ために、そのカテゴリーの属性に当てはまらない者をカテゴリーのそとに排除するだけでなく、カテゴリーを「捏造する」ために、カテゴリーのなかに括られる者の多様な要素を看過するものでもある。したがって、もしも性抑圧からの解放のために「女」というカテゴリーを打ち立てた場合、そのカテゴリーは、べつの種類の排除を生み出す危険性をもつ。さらにそれだけでなく、「男」という支配的なカテゴリーを解体するために、それと相補的な関係にあった「女」というカテゴリーを持ち出すことによって、男女の二分法で現実を弁別する思想が封印してきた種々の権力関係を、解放の名のもとに、ふたたび封印するという皮肉な結果が生まれることになる。たとえば「女の連帯」とか「女の思考」を主張することは、「女の連帯」や「女の思考」に参与できなかった、あるいはそのようなものとして解釈されてこなかった社会の周縁にいる女やレズビアン(とくに男役)を排除することになり、また、「女の連帯」や「女の思考」を現実に構成している歴史的・個別的な権力関係を不問に付して、「女」という「共通項」があたかも存在しているように錯覚し、それにすべてを還元してしまいがちになる。またさらには、「女」と対《つい》関係にあるとみなされてきた「男」との繋がりや、男同士の関係の内実についての立ち入った考察が退けられる。解放への熱意が強ければ強いほど、新たに持ち出されるカテゴリーの内部の同胞意識ははぐくまれ、打倒すべきイデオロギーと同じ陥穽《かんせい》――〈排除〉と〈均質化〉の罠――におちいってしまう。べつの言葉で言えば、超歴史的な真実だとみなされてきた支配イデオロギーを歴史化して、それを転覆させようとする解放言説そのものが、歴史性と個別性を欠いた超歴史的な支配言説を反復してしまうことになる。そのとき、そのカテゴリーから排除された者はさらに行き場のない孤独と疎外感を経験するが、カテゴリーの内部に包含された者も、自己誤認《セルフ・ミスレコグニッション》がもたらす内的疎外のメランコリーに絡めとられることになる。

性抑圧の歴史性を指摘したはずのラディカル・フェミニズムが、解放を求める過程で、理念においても組織体においても、女という本質に向かったことは、ある種、皮肉な成り行きだった。そしてこのことに対して、八〇年代以降に人種や民族や階級の面から、八〇年代末から九〇年代に入るとセクシュアリティの面から、批判があがっていった。それには、多文化的な社会状況が進んだことや、脱構築やポスト・マルクス主義といったポスト構造主義の思想が、二分法の根源的批判と社会構築の言語的側面を追求したことが寄与している。それにつれて――ラディカル・フェミニズムの急進性はなんらかの形で継承されながらも——その熱気は鎮静化に向かっていった。だがそれ以降、本質主義の視点がまったく取り下げられたわけではない。一見して本質主義とは相容れないように見えるポスト構造主義を経過したのちも——それだからなおさら——わたしたちは今、本質主義と完全に無縁な思想がありえるだろうかという問いに直面している。たとえばダイアナ・ファスは『本質主義的に語る』(一九八九)のなかで、「本質主義は構築主義のさまざまな理論をすでに許諾したものであり、また構築主義は本質主義の精妙な形態として機能しているものである」と述べている。本質主義をどう位置づけるかという問題は、ポストコロニアリズムにおいても(ガヤトリ・C・スピヴァック等)、クィア理論においても(テレサ・ド・ラウレティスやエリザベス・グロスツ等)、民主主義の再考のなかでも(アイリス・マリオン・ヤング等)、現在なお重要な課題として思考されている。

## 精神分析に対する両面的なアプローチ

欧米のフェミニズムの特徴の一つは——拒絶し批判するにせよ、換骨奪胎させながら取り入れるにせよ——精神分析に大きな関心を払ったことである。むしろ欧米のフェミニズム理論はどれも、なんらかの形で精神分析にコミットしてきたと言った方がいい。それに比して日本では、欧米の精神分析フェミニズムの翻訳や紹介はおこなわれても、内発的な批評主題として、精神分析を積極的に取り上げることはあまりなされなかった。

参政権運動や、家父長制への問題提起や、ジェンダー規範の考察、本質主義的思考などの事柄については、欧米のフェミニズムと共有する部分が多いことを考えると、このことは日本のフェミニズムの目立った特徴である。その理由は、欧米の精神分析フェミニズムが最初に中心的な話題にしたのが、フロイトのエディプス構造だったことによるのではないだろうか。近代日本においても——とくに戦後の核家族では——基本的構造としての父—母—子のエディプス関係が性の制度に与えている影響は大きい。しかし父母の夫婦間のセクシュアリティが日常の言説から隠されていること、現実に核家族的な形態を呈するようになった時期が遅かったこと、母性に対する巧妙な両義的言説が存在していることなどによって、日本ではエディプス構造は当てはまらないと考えられてきた。だが性自認が自己形成に及ぼす影響を考えれば、その問題を扱う精神分析は——精神分析自体が抑圧を再生産しているという意味でも、抑圧からの解放の糸口を提供するという意味でも——避けて通れない考察対象である。とくに性の問題を言語の問題として取り扱うようになったラカン以降は、言語と欲望と〈法〉の共犯関係を読み解くうえで、精神分析の再考は、日本のフェミニズムにとっても重要な作業である。

女の位置をめぐるフロイト批判やフロイト再読は第二波フェミニズム以前にもなされていたし(カレン・ホーナイ〔一八八五—一九五二。ドイツ生まれ〕、メラニー・クライン〔一八八二—一九六〇。オーストリア生まれ〕、ヘレン・ドイッチェ〔一八八四—一九八二。ポーランド生まれ）、ジョーン・リヴィエール（一八八三―一九六二等）、これらの批判や再読は、八〇年代のエクリチュール・フェミニンや九〇年代のクィア理論に貴重なヒントを与えることになった。しかしフェミニズムが精神分析とはっきり切り結んだのは、七〇年代になってからだった。

まず最初、第二波フェミニズムの初期には、フロイト攻撃がフェミニズムの側から熾《し》烈《れつ》におこなわれた。攻撃の矛先は、とくにエディプス構造に向けられた。なぜなら母子癒着の段階から、父の禁止の言葉によって去勢の可能性におびえ（「去勢コンプレックス」）、母への欲望を諦めて「正常な」性自認――したがって「正常な」自我形成――がおこなわれるという「エディプス・コンプレックス」のメカニズムは、男児にのみ適用され、他方、女児は、去勢の可能性におびえるのではなく、実際に去勢された者と解釈され、そのためにつねに不満（「ペニス羨望」）や精神の不安定さ（ヒステリー傾向）を抱える劣位の存在とみなされるからである。フリーダンやミレットやファイアストーンといったフェミニストたちは、フロイトを、近代社会の性抑圧を生物学的な性差に還元して、性差別を昂進している元凶だと弾劾した。

フロイトの理論は、つまるところやはり、男性性と女性性の階層的な二分法と、それを前提とする異性愛の特権化を、その基盤に置いている。だが膨大なフロイトの著作のなかには、彼自身の理論を切り崩している叙述があることもたしかである。八〇年代になると、精神分析をまったく退けるのではなく、フロイト理論にみられる女性蔑視を批判しつつも、精神分析にべつの光りを当てて再読しようとする試みがなされはじめた。そのなかには、精神分析と「ポストマルクス主義」を合体させたジュリエット・ミッチエル(一九四〇―。ニュージーランド生まれ)――クラインが提唱した前エディプス期の「対象関係理論」を発展させたナンシー・チョドロウ(一九四四―)や、ジュリア・クリステヴァ(一九四一―。ブルガリア生まれ)――意識化された女のアイデンティティに対する抵抗として「無意識」を積極的に評価するジャクリーヌ・ローズ――ラカンの男根ロゴス中心主義を批判して、ペニス=ファルスに回収されない女の「快楽」を主張するイリガライやシクスー――ラカンを脱構築的に読みなおすジェイン・ギャロップ――さらに九〇年代に入ると、「フェティシズム」や「強迫観念《パラノイア》」や「メランコリー」といったフロイトの分析ツールを再占有してセクシュアリティの解読をおこなうテレサ・ド・ラウレティスや、イヴ・コゾフスキィ・セジウィックや、ジュディス・バトラー――またイリガライを継承して「身体」のラディカルな再解釈をおこなおうとするエリザベス・グロスツ――人種と精神分析を結びつけたフランツ・ファノンにさらに性の軸を入れて批判するダイアナ・ファスらがいる。そんなことを言えば、ガヤトリ・C・スピヴァックもトリン・T・ミンハもセイラ・ベンハビブもボニー・ホーニッグもナンシー・フレイザーも……およそ現在、フェミニズムの視点を有している批評家で精神分析の語彙をまったく使わない者はいないと言ってよい。

このなかのいくつかの理論は第Ⅱ部で個別的に取り上げることになるが、それらの批評の精神分析に対する姿勢も、精神分析の各概念に対する解釈も一様ではなく、「精神分析フェミニズム」として一括りに論じることはもとより不可能である。しかしそれでもなお精神分析を扱おうとするフェミニストに共通して存在している衝動があるとすれば、それは自己形成と、身体性をふくむ性自認と、言語獲得が、相互不可分の動的関係を有して、現在の性の制度を(再)生産しているという認識である。

そもそも近代の性言説は、男女を分け隔てる基準を精神／身体の二分法に求めた。公的領域(合理的な社会制度)のなかで活動する男は、論理や理性という〈精神〉を表徴し――あるいは〈精神〉そのものであり――他方、私的領域(出産や育児といった論理性だけでは処理できない事柄)に生きる女は、論理や理性とは対極的な〈身体〉を表徴している――あるいは〈身体〉そのものである――と解釈されてきた。そして精神分析は、心的生活――その根幹をなす自己形成――の説明にあたって、この性別化された精神／身体の二分法を持ち込んだ。もっと正確に言えば、この二分法の思想を性医学的に傍証するかたちで、自己形成を説明した。たとえばフロイトのエディプス理論では、正常な自己形成をおこなえる男児は、いずれ近親姦の禁止(社会の性規範)を告げる父となる存在だが、いつまでも母子癒着の段階を引きずる女は、自我のバランスを欠いた非合理的な存在——身体性を克服しえない存在——だと理解されている。またそののちラカンが、近親姦の禁止を告げる父に象徴的機能をもたせ、それを〈法〉として、すなわち言語的存在である人間の活動すべてにおよぶ〈言語〉として捉えたときも、〈言語〉が失敗する事柄——すなわち根源的に抑圧された大文字の〈他者〉——は、まず母への欲望によって具体化されるとみなした。ラカンは、意識・無意識を含めて言語によって構造化されている領域を「象徴界」と呼び、象徴界によって放逐される混沌たる領域を「現実界」と呼んで、両者を隔てる深淵に位置して現実界を封印するものを「ファルス」(男根)とみなしたが、そのとき彼は、女性性を「ファルスである」位置——現実界の混沌に関与する位置——に、男性性を「ファルスをもつ」位置——現実界を封印する象徴界の言語を所有する位置——に設定した。

　このようにフロイトにおいてもラカンにおいても、心的生活に関する彼らの説明のなかには、精神／身体の二分法を男女の性別に重ねて、精神＝男性性を上位におく思想が刻まれている。さらに彼らの理論では、このような心的構造は普遍的なもの、非歴史的に通用するものと捉えられている。だが彼らの理論を、規範的な自己形成を「処方する《プレスクライブ》」ものとして捉えずに、歴史的に特定の社会(性差別的な近代社会)における自己形成のメカニズムを「叙述する《ディスクライブ》」ものと捉えなおせば、一見して公的制度の問題であるかのように見える性差別が、じつは近代特有の性別化された自己形成(性自認)に大きくかかわる問題であることが明らかになる。

さらにフロイトは他所で、「自我は何よりもまず身体自我である」とも語っている。生物学的な男女を、エディプス構造を経過させることによって、そのまま社会的に性別化された二つの自我形態に接続したフロイトは、また同時に、そのような自我はあくまで「身体自我」であると述べた。彼は自我を、身体を離れて身体を凌駕《りょうが》するものではなく、身体表面の投影であり、自我こそが人間が身体に接近できる唯一の通路だとみなした。このフロイトの洞察は、第Ⅱ部の「身体」の章で述べるように、身体の概念を生物学決定から引き離す契機を提供するものでもあり、生物学的性差を根拠になされる彼自身の男性性／女性性の説明を空洞化するものである。その結果フロイトを、フロイトから離れてフェミニスト的に読みなおすことが可能になり、「男の身体」「女の身体」という概念を覆し、さらにはこの二種類の身体のあいだに交換される欲望として定義されてきた異性愛の欲望の絶対性を置換させることが可能になる。

このフロイトの「身体自我」の概念は、「鏡像段階」という概念を案出したラカンによってさらに展開された。ラカンによれば、自己は自己の身体をつねに鏡に映った像として獲得する。幼児は、自分と自分を世話してくれる人との区別がつかない状態から、自己を切り離して、自己の身体の外延を獲得するとき、それを実体的に獲得するのではなく、他者の眼差しによって、すなわち自己の身体として社会によって差し出された虚像として、想像的に獲得する。わたしたちは自己の身体を、自己が参入する社会の〈言語〉にしたがって解釈するのである。身体がじつは自己形成のさいに言語的に構築される虚像であるというこのラカンの理論は、フロイトの場合と同様に、ラカンを、ラカンから離れてフェミニスト的に読みなおすことを可能にさせるものである。それは、所与の条件として社会的性差(ジェンダー)の正当性を保証している生物学的な身体の事実性(セックス)が、じつは社会的な言語によって構築されているフィクションでしかないことを明らかにするものである。したがって、精神分析を精神分析に抵抗しながら読み解く作業は、性差別的な公的制度を、自己形成(すなわち自己の身体把握)といううきわめて私的な事柄にひそむ言語の問題として追求することであり、性の制度を、その根本に立ち入って批判する視点を提供するものである。その意味で精神分析を扱うフェミニズムは、性実践、性欲望、性幻想といったセクシュアリティの問題にまで踏み込むものとなる。

## セクシュアリティ

セクシュアリティという言葉も、そう古い用語ではない。興味深いことに、それが使われはじめたのは一九世紀初頭、まさに近代の市民社会が形成されはじめる頃と軌を一にしている。そしてこの語の使用は、性にまつわる感情や行為がこの時期に認識や分析の対象となったこと、すなわち性に関連してこの時期に権力の言説が稼動しはじめたことを示している。資本制をとる近代社会のドメスティック・イデオロギーが、(少なくとも理念的には)女を私的領域に閉じ込め、女特有の性役割(ジェンダー)を押しつけたことはすでに述べた。だがこのドメスティック・イデオロギーは、同時に女特有のセクシュアリティを捏造するものだった。

セクシュアリティは日本語に翻訳することが難しい用語だが、わたしはスティーヴィ・ジャクソンとスー・スコットの定義を採用して、性実践や性欲望や性自認をふくむエロスの意味づけとして捉えたいと思う。そしてここでぜひ付け加えておかなければならないことは、そのようなエロスの意味づけが社会的なものであること、それも、私的なものとして社会的に意味づけられたことである。そして私的事柄となったエロスが公的に認可された唯一の場所が家庭であり、公的に認可された唯一のセクシュアリティの様態が、次代再生産にかかわるものだった。そのため家庭内のセクシュアリティは、出産から遡って正当化される性実践、性欲望、性幻想を意味した。それは受胎―射精―挿入―性器の快感を中心化するものだった。したがって男の快楽はペニスに収斂《しゅうれん》し、女の快楽は膣に収斂することになり、男の性欲望の能動性と、女の性欲望の受動性(あるいは欠如――なぜなら、男のジェンダーからのアナロジーによって欲望は能動的なものとみなされているので)という意味づけがなされ、男の強迫観念的な勃起信仰と、女の慎み深さの神話が生みだされた。皮肉なことに後者の神話は、六〇年代の性解放とフェミニズムの進展によって解体しつつあるが、前者の信仰は、近年のバイアグラの流行をみてもわかるように、いまだに健全である。セクシュアリティに関するフェミニズムの主張が、いかに男によって共有されてこなかったかを示す例である。

しかし家庭内の生殖中心的な性規範は、エロスの制御であり、エロスの矮小化である。したがってこの性規範は、それを侵犯するセクシュアリティを夥《おびただ》しく生み出すこととなり、それらを統御するために、フーコーが言うように、異端の性が否定されるべきものとして名前を与えられ、夥しく生み出された。曰く、サディズム／マゾヒズム、同性愛、自慰、フェティシズム、視姦、幼児の性虐待、異人種・異民族間のセクシュアリティなどなどである。しかしそれらのなかのあるものは、表面上は否定されながらも——男の性欲望という言説から遠く離れないかぎり——男には許された。なぜならドメスティック・イデオロギーが男の領域に設定したのは、家庭のそとであったため、男は家庭内のセクシュアリティと家庭外のセクシュアリティの二つにアクセスできる二重基準を持ちえたからである。ただしこの二重基準も異性愛の性器中心的なセクシュアリティに限られ、また二重基準を行使できる男は、階級や人種などによって限られていた。

したがって近代のドメスティック・イデオロギーは、欲望の主体になりうる男と、欲望の客体にされる女という、男女で非対称的なセクシュアリティを生み出すと同時に、欲生殖中心的な家庭内の女の「脱エロス的な」セクシュアリティと、男の快楽に供する家庭外(街)の女の「エロス化された」セクシュアリティというように、セクシュアリティの様態をめぐって女を分割するものでもあった。これは資本制の家父長制社会ではつねに見られるイデオロギーであり、近代日本でもほんの二〇年余りまえまでは、中産層以上の女を家庭のそとの有償労働から遠ざけておく理由として、家庭のそとで働くことは女の規範的なセクシュアリティを侵犯する危険性をもつと説明されていた。また社会に出て働く女に対して性的意味が過度に付与され、看護婦や「スチュワーデス」などの職種がエロス化されたり、逆に男の快楽に供せずに、男と互角に働く女を脱エロス化して見る慣習があったことは、このイデオロギーの浸透性の証左となるものだ。最後の点については、この原稿を執筆している二〇〇〇年八月の時点でなお、女の政治家に対して「男いらず」という風評が流されたことが報道されている。ただしこの件については、法廷の場で侮蔑発言として有罪判決がなされた。またこのような表現は、脱エロス化する発言が異性愛主義に汚染されていることを示す例でもある。

さらに近代のセクシュアリティの言説で特記すべきことは、それがセクシュアリティの規範化を生み出しただけでなく、セクシュアリティを、個人の人格を構成するものの基幹に据えたことである。すなわち性の快楽や性行為は、状況的なもので、ある部分偶発的なものだとは捉えず、その様態は個人の人生において一貫した指向性をもち、個人の人格にかかわる最重要事項だとみなされた。この考え方に寄与したのが、前節で述べた精神分析である。この考え方は、セックス(生物学的な身体的性差)とジェンダーとセクシュアリティを同心円状に重ね合わせて男と女の二つのカテゴリーをつくりだしただけでなく、性対象の性別によって、異性愛者、同性愛者というカテゴリーをつくりだした。そして「生殖イデオロギー」に貫かれたセクシュアリティ規範は、再生産装置としての異性愛を絶対化し、異性愛行為であれば家庭内の「正しい」セクシュアリティでなくても、ある部分容認するのに比べ、非異性愛については、徹底的にこれを排除しようとする力学がはたらいた。同性愛「者」は、病人や犯罪者となり、異端の人物に仕立て上げられたのである。

またさらに「国内の」という意味も有するドメスティック・イデオロギーは、自人種や自民族のあいだの異性愛のセクシュアリティを特権化して、他人種、他民族に対する暴力的、あるいはオリエンタリズム的な性搾取——男から女に、あるいは男から男になされる性搾取——を正当化した。「グローバル化」の章で述べるように、この性搾取は、単に異人種や異民族に出会ったときに現実的になされるだけでなく、国内の性秩序を保持するために、国内では抑圧すべきセクシュアリティを——社会通念としてであれ、美学的にであれ、学問的にであれ——国外に「投射する」(精神分析の概念)という形をとって、想像的におこなわれた。一九世紀末から二〇世紀初頭の文学作品や美術、また文化人類学といった学問のなかに、「未開の地」や「遥かなるアジア」や「暗黒のアフリカ大陸」における「逸脱したセクシュアリティ」や「魅惑的なセクシュアリティ」に関する芸術的表象や学問的記述は数多く見られる。

このようにセクシュアリティの言説が近代化を推し進める中産階級に浸透し、さらには社会の普遍的な性規範として波及する時期に重なり合うようにして進行した女性運動／フェミニズムは、セクシュアリティに関してさまざまな発言をすることになる。それを大別すれば、(1)男の性暴力(とくにポルノと家庭内暴力)に対する抗議、(2)母性のフェミニズム的再考、(3)生殖イデオロギーから離床した女のセクシュアリティの主張、(4)ポストコロニアリズムの観点からの性搾取批判、(5)強制的異性愛に対する問題提起などである。これらの視点はむろん、セクシュアリティという分析ツールをフェミニズムが獲得するまえから、現実的に、あるいは直観的に、女権論者やフェミニズムが持ちえていたものである。しかし、身体性のなかに閉じ込められながらも、身体性についての言説からはもっとも遠く隔てられてきた「女」が、セクシュアリティを直接的に問題化することができるようになったのは、七〇年代のラディカル・フェミニズムによるところが大きい。さらにこの話題が理論的に深められ、「女の解放」としてのみならず、社会と個人の抜本的な再解釈になりうるようになったのは、アルチュセールを経由したポストマルクス主義、フーコーの社会構築論、および精神分析を、フェミニズムが積極的に取り入れ、またフェミニズムの側からそれらの理論に対して大きな影響力を与える著作が生まれるようになった八〇年代以降、とくに九〇年代になってからのことである。

そしてセクシュアリティに関するフェミニズムの発言として、仮に分類した上の五つの点も、相互に関連し、また相互に対立するものである。このことは、セクシュアリティ抑圧の巧妙さや複層性や広範性、また抑圧への異議申し立ての複雑さを示すものである。たとえばキャサリン・マッキノンやアンドレア・ドウォーキンなどが求めるポルノ規制に対しては、猥褻《わいせつ》とされ排除されてきた非異性愛の視点から(バトラー)、あるいは女がこれまでポルノの「快楽」から遮断されてきたとみなす視点から(リン・シーガルとメアリィ・マッキントッシュ)、猥褻性の定義と表現の自由をめぐって問題が投げかけられている。また、「女」のセクシュアリティの解釈や、生殖イデオロギーからの解放と母性の再考をどう接続するかや、国境を横断するセクシュアリティの搾取を一国や一文化内部のセクシュアリティの搾取との関連でどう捉えるかといった点においても、フェミニズムの見解は分化している。言葉を換えれば、セクシュアリティという私的で身体的で根源的な話題にフェミニズムがさらに深く踏み込んでいくにつれ、フェミニズム自身によって、フェミニズムという枠組みそのものが問われる段階に差しかかることになると言えるだろう。

「はじめに」で述べたように、フェミニズムはその歴史においても、また語義的にも、

「女」の正当な権利を主張するものだった。参政権運動をはじめとして、女の政治的権利の獲得と両性の平等をめざす運動や理念は、フェミニズムの目的とされてきた。そしてフェミニズムが、性差別は単に制度的な不平等のみならず、わたしたちの行動や特性や判断に刷り込まれた権力関係であることを認識して、ジェンダーの非対称性に異議を申し立てたときにも、ジェンダーは「男」と「女」の二つ、すなわち生物学的な身体的性差のうえに構築される社会的・文化的な意味だと考えられていた。だがセクシュアリティという生物学的な身体性にもっとも密接していると考えられている事柄が、社会的・文化的な性差別によって「生産されたもの」であることを解明していくにつれ、フェミニズムは、「女」という概念に依拠することの困難さに直面することになる。なぜなら、「男」の性欲望も「女」の性欲望も社会的な構築物――すなわちジェンダー――だと捉える見方は、両者のあいだでおこなわれる異性愛の性実践もまた社会的な構築物であって、唯一の所与の真実ではないとみなすことであり、その結果、異性愛と同一の平面上に位置づけられることになる(同性愛を含む)非異性愛は、「男」と「女」という二つのカテゴリーを、その身体把握に遡って無効にしていくものであるからだ。そしてこのことは翻って、異性愛のセクシュアリティもまた、きわめて不安定で不十分な前提のうえに成り立つものであることを明らかにしていく。

　このような認識をフェミニズムのなかで促し、あるいはフェミニズムとともにもたらしたのが、とくに九〇年代になって隆盛したレズビアン／ゲイ研究であり、クィア理論である。すでに一九八一年にラディカル・レズビアンのモニク・ウィティッグは「レズビアンは女ではない」(強調は引用者)と宣言したが、一九九〇年にジュディス・バトラーは、このウィティッグをも批判して、「レズビアンのセクシュアリティは、「セックス」とか「女」とか「自然な身体」というカテゴリーに異を唱えるだけでなく、「レズビアン」というカテゴリーに対しても異を唱えるものと理解し」なければならないと主張した。同年にイヴ・K・セジウィックは「近代西洋のゲイ男性のアイデンティティは、そもそも「本質的にゲイである」というよりも、むしろ近代の男の異性愛に内在する非一貫性に対して、つねに斜めからであるにせよ、密接に反応したり表現したりする関係のなかで構築されるものだ」と論じた。これらの洞察が示していることは、「男」「女」のみならず「レズビアン」「ゲイ男性」といった非異性愛のカテゴリーも、近代の性規範がもたらした社会的な所産であるということだ。

しかしそれらのカテゴリーがただ社会的な構築物だと語るだけでは、わたしたちがいまだに現実に投企されている性体制を解体することにはならない。バトラーが述べているように、ジェンダー／セクシュアリティ／セックスが社会構築されたものだとはいえ、それはけっして「選択される」ものではなく「命令される」ものであり、何度も命令され続けられる——したがってつねにパフォーマティヴ(行為遂行的)におこなわれる——

同一性《アイデンティティ》の構築である。だからジェンダー／セクシュアリティ／セックス——とくにもっとも本質的に決定されているとみなされているセックス——がいかに社会的につくられ、所与の本質的な事実となるかという仕組みを解明することなく、公的制度、私的領域、自己把握のすべてを覆う性の体制を置換していくことにはならない。そしてこのことは、とりもなおさず「女」という意味づけを検証していくことになる。なぜならこれまで述べてきたように、性のしるしづけは「女」に対してなされており、セックスはむろんのこと、セクシュアリティもジェンダーも、「女」の領分だと解釈されてきたからだ。

したがって「女」という概念を検証することは、同時に「男」という概念を検証することであり、この二つの概念を必須の要素とする「異性愛」を検証することであり、また「異性愛に内在する非一貫性」に反応する「非異性愛」を検証すること、さらにはそのような性体制を構成している——性体制そのものである——階級や人種や民族などを含む社会の権力関係の布置を検証することでもある。フェミニズムが、フェミニズムという枠組みそのものを問いかけつつ、しばらくはフェミニズムである理由は、まさにそれが、「女」という概念と不即不離の関係で捉えられてきた「身体的性差」という概念にまで遡って、近代の性の体制が社会的に構築された歴史的所産であることを問題化する視点であることにほかならない。

# Ⅱ どこへ行くのか

## 第1章 身体

自我は何よりもまず、身体自我である。
――ジークムント・フロイト

### 1 身体的性差という虚構

自分の身体をわたしたちはどのように把握しているだろうか。心（精神）が宿る〈器〉と考えているだろうか。それとも知恵（精神）が芽生えるまえから存在していた〈所与の条件〉と考えているだろうか。もしもこのように答えるなら、この答えは、問いと矛盾することになる。なぜなら「自分の身体をどのように把握するか」という問いは、「身体は精神の〈器〉である」とか「身体は精神の〈所与の条件〉である」という答えを無効にしてしまうからだ。前者について言えば、精神によって「把握される」身体は、身体そのものではなく、精神を介して出現する。つまり〈器〉であるものは、〈器〉とみなされたものであり、「みなす」という精神作用を抜きには存在しない。後者の答えについても同様である。精神が芽生えるまえから存在していたということを、身体のあとに出現した精神はどのように知りえるだろうか。つまり「わたしの身体とはどのようなものか」という問い自体が、身体のありのままの〈存在〉を問いかけているのではなく、身体についての〈認識〉を問いかけているのである。しかしその問いなくして、身体は存在しない。「身体」というものを何らかの形で知っていないかぎり、わたしたちはそれを「身体」として感じたり、意識したり、考えたりすることはできない。ただ状況的で偶発的に起こっている事柄は、身体の出来事とは意識されずに、通り過ぎていく。

ではセックスと呼ばれている身体的な性差についてはどうだろうか。セックスは目に見える〈存在〉であり、現実にはたらいている〈機能〉だという答えが返ってきそうである。セックスは欲望が宿る場所であり、欲望が芽生えるまえから存在していた所与の条件である。そして身体的な性差なしには、子供は産まれず、社会は再生産しないので、身体的な性差は、身体のなかでもとくに重要な機能を果たす存在であって、ゆめゆめ軽視するべきではない。そのような答えが聞こえてきそうである。しかしはたして、そうなのだろうか。

産まれてきた赤ん坊は――最近のテクノロジーの発達によって、ときに産まれるまえから——外性器によって、うむを言わせず男の子か女の子に分けられる。もしもその理由が、性別が将来子供を産むときの機能として重要だからというのであれば、そのような事態が出現したときに、その必要に応じて、性別を話題にすれば済むことではないだろうか。生殖＝出産とは無縁な子供たちや、ある年齢以上の人々、またその中間年齢層であっても生殖＝出産にかかわらない時期——何らかのかたちで産む人数を人々が調整している社会では、生殖＝出産にかかわらない時期は中間年齢期間のほとんどを占める——においては、性差はそれほど重要な差異ではないはずだ。少なくとも医学の発達によって乳幼児の死亡率が劇的に減少し、また社会構造の変容によって性差の別なく社会活動にアクセスできるようになった近代社会においては、性差を特権的な個人の弁別手段にする必要はない。しかも皮肉なことに、性差によって労働が分化されると考えられてきた前近代の社会においても、被搾取階級は、性差の別なく過酷な労苦を強いられ、女に対して妊娠・出産・授乳期間の優遇措置が設けられることはきわめて少なかった。パール・バックの小説『大地』(一九三一)に登場する阿蘭の一生は、この皮肉を典型的にあらわしている。彼女が貧農の妻であったときには、畑仕事のさなかに出産し、それほど間をおかずに男と同様の農作業に戻っていったが、夫が土地を得て成功したのちには、地主の妻としての「女の領域」があてがわれた。

したがって身体的な性差は、近代であろうと前近代であろうと——階層的に、また人種・民族的に——労働を搾取するときにはさして考慮が払われず、他方で社会活動へのアクセスが性差の別なく可能であるはずの制度のなかでは、身体的な性差が個人の弁別の最重要事項とみなされる。だがこのパラドックスは、以下に述べるように、身体的な性差がじつは「身体的な」性差ではないことを示すものである。

わたしたちは誕生と同時に、その「身体」の形状によって性別化される。そして一度性別化されれば、その判定は、性同一性障害や半陰陽といった「科学的」に扱われる事例を除いては、たいていは翻されることはない。では性別化は一度だけおこなわれて、そののち語られることはなく、子供を産むという話題が発生したときにのみ、付随的に言及されるのか。たとえばたまたま性器的な接触をする／接触をした人間たちが異性同士のときに、受胎の可能性をめぐって話題にされたり、異性と性器的な接触をせずに子供を望む人間(たち)が人工受精や代理母や養子縁組を考えるときに、時期的な事柄として登場するだけなのか。そうではない。性差は次代再生産が問題になるときにのみ浮上する話題ではなく、つねに繰り返しわたしたちを分類しつづけている差異化軸である。現在の性の体制のなかにいるかぎり、次代再生産とは無関係なエロスの実践(異性愛であれ非異性愛であれ)は言うに及ばず、セクシュアリティとはおよそ無縁な社会活動にいたるまで、わたしたちはつねに「男」か「女」のどちらかであるとみなされ続ける——あるいは自らみなし続けている。

わたしたちはともすれば、誕生時におこなわれる性別化を決定的なものと考えがちである。だがそれ以降も「女」であること「男」であることをつねに確認し続けなければ、誕生時の性別化は単なる外性器による分類にとどまるだけである。皮膚の色は所与ものだが、人種は社会的な意味づけであると語られるのと同様に、誕生のさいの身体的な性別化と、それ以降にパフォーマティヴ(行為遂行的)に反復しておこなわれる「男」「女」の性別化は異なるものであり、後者の社会的な性差を正当化するために、前者の身体的な性差がその「起源」としてつねに想起されているにすぎない。では社会的な性差(ジェンダー)は虚構であるが、身体的な性差(セックス)はありのままの事実なのだろうか。この思想は、「ジェンダーはセックスのうえに構築される社会的・文化的な性差である」という定義と同延上の思想である。

この章の冒頭で、「わたしの身体とはどのようなものか」という問いは、身体の〈存在〉を問いかけているのではなく、身体についての〈認識〉を問いかけているものであると述べた。このように問いかけること自体が、身体はありのままに存在しているのではなく、つねに認識されたものとしてのみ存在していることを語っている。「セックスと呼ばれている身体的な性差についてはどうか」という二番目の問いもまた、先の問いと同様に——こちらの方が具体的であるからなおさらに——身体的な性差はわたしたちの認識の結果であることを物語っている。なぜならこの問いは、無意識のうちに二つの見方を前提としているからである。一つは性を外性器の形状によって分類する見方、もう一つは性を二つに分類する見方である。

いったい外性器の形状は、それによってその後説明されることになるわたしたちの性実践や性欲望や性幻想(セクシュアリティ)に、どれだけ中心的な役割を果たしているのだろうか。もしもわたしたちの性行為が動物の交尾のように、性器の接触——射精と受胎——だけのものならば、またそれが妊娠可能な排卵期だけに特定されるのなら、外性器は中心的な役割を果たすかもしれない。だがわたしたちにとってセクシュアリティが意味をもつのは、スラヴォイ・ジジェクが言うように、わたしたちにとって性的な事柄が、動物の交尾から連想される性本能からは隔たったところに存在しているからである。もしもわたしたちの性生活が交尾だけで説明されるのであれば、セクシュアリティという概念は必要ではない。わたしたちは交尾とは無関係で不必要なさまざまな身体部位(たとえば髪や顔だち、胸、ふくらはぎ、二の腕、指、体型など)を性的な身体として意味づけ、さらには衣服や装飾品、身のこなしや態度や社会的地位までも、身体の延長や身体的顕現として性的に意味づける。しかもそれらの意味づけのなかには、次代再生産と無関係なだけでなく、種の存続にとっては不利なもの、それとは矛盾するものもある。たとえば現代の極端な痩身《そうしん》願望や、イスラム圏でおもにおこなわれている女性性器切除は、文化的・歴史的な性的意味づけではあっても、種の存続にとっての最良の身体把握ではない。

　これらの身体の性的意味づけは——そのあるものは、すでに明白に社会的な性役割を反映したものだが——社会の成員を男女に二分し、両者の権力関係で社会を維持するジェンダー規範に基づいてなされている。社会通念では、性欲望は、性本能から発したものと捉えられている(しかし生物学的決定論者だとフェミニストによって批判されているフロイトですら、ラカンはなおさらに、性欲動《リビドー》は性本能ではないと、一応は断った〔フロイトやラカンになおも見られる生殖中心主義的な思想については、拙論「愛について」、『愛について』に第二章として所収、を参照〕)。しかしバトラーが語っているように、セクシュアリティはつねにすでにジェンダーであって、性の権力関係を支える男女の二分法につねにすでに汚染されている。そしてセックス(身体的な性差)はセクシュアリティを実現する〈器〉であるとか、セクシュアリティを用意する〈所与の条件〉であるとみなす考え方——つまりセックスが原因であり、セクシュアリティやジェンダーは結果であるとみなす因果関係——はじつは転倒されたもので、ジェンダーこそがセクシュアリティの物語を捏造し、セックスという身体的性差を事実として遡及的に生産しているものである。

　先に述べたように、性役割も性実践・性欲望・性幻想も生殖＝出産に収斂するものではなく、むしろそれを斟酌《しんしゃく》していなかったり、それとは直接関係のない事柄である。しかしそれにもかかわらず、あたかも生殖が中心的な要件であるかのように人を男女に二分する社会的なジェンダー規範が、性に関する身体把握において、何よりもまず外性器の形状を特権化し、それを中心に身体を意味づけ、「二種類の身体」という虚構を作り上げて、人を男女どちらかに振り分けていく。この振り分けがけっして事実に基づいたものではなく、イデオロギーに基づいたものであること、また事実を客観的に記述していると考えられている「科学的」な言説が、イデオロギー的な男女の二分法の「偏見」に染まっていることは、アン・フォスト＝スターリングの『ジェンダーの神話――〈性科学の〉偏見とトリック』（一九八五）、および彼女の説を引用したバトラーの『ジェンダー・トラブル』（一九九〇）で論じられている。

したがって「ジェンダーはセックスのうえに構築される社会的・文化的な性差である」という定義は十分なものではなく、「社会的・文化的な性差であるジェンダーによって、セックスという虚構が構築される」と定義しなおさなければならない。しかもこの虚構の構築は、一回だけでは終わらない。たとえば人の一生で言えば、誕生時にそのときだけ、身体が性的にしるしづけられるわけではない。セックスという虚構を「事実」とみなすために、わたしたちは、あたかもジェンダーがその事実の「うえに」構築されたものであるかのように、繰り返し繰り返しジェンダーを演じつづけている。演じること（おこなうこと）によって、事実性を（再）生産するパフォーマティヴィティ（行為遂行性）のメカニズムは、ジェンダー規範のもっとも根幹をなすものである。ゆえにジエンダー規範は、社会的規制として人の外部にあるのではなく、規制を内面化している人の〈認識〉そのものであり、規制を身体化している人の〈形態〉そのものであると言えるだろう。

## 2　〈女のエクリチュール／身体〉のアポーリア

わたしたちの身体は身体そのもの(存在)ではなく、それを認識している様式だとみなす考え方は、身体を存在論《オントロジー》から認識論《エピステモロジー》へと、生物学的決定論から社会構築論へとシフトするものでもある。だが認識論、社会構築論となった身体は、わたしたちをさらなるアポーリアに導き入れる。認識論は、カント的な精神／身体、文化／自然の階層的な二元論を反復したものにすぎないのではないか、社会構築論は、既存の言語への抵抗の試みをあらかじめ封じているのではないかという問題が発生する。フェミニズムにとってこれがアポーリアとなるのは、女はつねに精神ではない身体、文化ではない自然と考えられてきたために、身体を精神作用の結果と捉える見方は、男＝精神の論理に自ら進んで同調するものともなり、また身体を言語による構築物とみなす社会構築論は、既存の男中心の言語から解き放たれる対抗身体の可能性を見いだすことを困難にさせているからである。いったい差異は、つねに差別という階層秩序によって貶められている「構造的他者」なのか、それとも差異は、「複数性」の理念によって差別とは無関係に存在しうるのか、そのとき身体の複数性は、身体の生物学的決定論と無縁にどのように現実化しうるのだろうか。

認識を介して身体が出現するのなら、身体を別様に認識するには、どうすればよいだろう。認識がすでに男中心の言語によって構築されているかぎり、その言語に頼ることはできない。だから既存の言語ではない言語、既存の言語のなかでは「言語」と認知されない言語を新しく作りだそうとしたのが、「エクリチュール・フェミニン（女の書きもの）」を提唱したフランスのフェミニストたちだった。新しい言語は当然、新しい身体を生みだす。むしろ新しい言語は、新しい身体と同時に生まれると言った方がいいかもしれない。なぜなら精神と身体を二つに分離する主知的な認識論自体を壊そうとするのが、新しい言語であるからだ。「エクリチュール・フェミニン」という言葉を最初に編み出したシクスーは、言語と身体の関係を次のように述べている。

彼女は「語っている」のではない。彼女は自分の震える身体を前方に投げだし、彼女自身を解き放ち、飛翔する。彼女のすべては彼女の声のなかに流れ込む。彼女の語りの「論理」を活気づけ支えているのは、彼女の身体だ。彼女の肉が真実を語っている。……実際彼女は、自分が考えていることを体で具現化し、それを身体で意味づけているのである。

（『メデューサの笑い』一九七六。強調は引用者）

そのような言語を／言語が語る身体は、ペニスによって中心化されない身体であり、「彼女のリビドーは宇宙的で」（同前。強調は引用者）、あらゆるところに偏在し、「終わり」によって断ち切られることもない。だから「「女はいたるところに性器をもち」、ほとんどどこにおいても快楽を見つける。……女の快楽の地勢は普通想像されている以上に、……想像界のなかでは多様で、多数で、複雑で、微妙である」（イリガライ『ひとつではない女の性』一九七七。強調は引用者）ということになる。

だがこのような新しい身体の創造は、あまりに女を本質化しているのではないかという批判にさらされる。上の引用で傍点を引いて強調したように、新しい身体は「女」の身体として描写されているものである。たしかに既存の身体が「男根中心的」なものならば、新しい身体は「女の快楽（複数）」という比喩をつかって表現されうるものかもしれない。だがその留保を置いたうえで、なおいくつかのことが問題として残される。

一つは、「女の快楽」という表現が比喩なのか、それとも解剖学的な身体解釈に係留されたものなのかという問題である。たとえば「触れ合う二つの唇」というイリガライの表現は、官能的であると同時に観想的であり、現実的であると同時に修辞的であり、その内主体的であると同時に間主体的な美しい表現だが、その観想や修辞や主体でさえ、それが指し示すものは「男」には直接的には結びつきがたい、いわゆる「女性的なもの」である。同じくエクリチュール・フェミニンの批評家とみなされているクリステヴァも、女の身体を母の身体――混沌と生殖を示す「コーラ」(子宮)――のイメージで捉えた。これらの〈比喩〉は、ちょうどラカンがファルス(男根)を、「言語の機能と欲望の出現が結びつく地点をあらわす特権的なシニフィアン」として選んだ理由を、それが「勃起性において世代間をわたる生命の流れのイメージであるからだ」(『エクリ』)と述べたのと同じように、男女の二分法を保持したまま(この場合は権力関係を転倒してはいるが)、それを根拠に身体を把握しているものである。その結果、母としての経験の有無にかかわらず母の機能に自分の身体を収斂させることを嫌う「女」は、クリステヴァのコーラの概念からは脱却することを望むだろう。また「女」の身体であることを拒否する「女」(たとえばレズビアンの男役)は、イリガライの表現を――イリガライは女の同性愛を射程に入れて論じてはいるが――局所的なものと感じるかもしれない。現在の性体制を解体する契機を「女の身体」という解剖学的な比喩で語るかぎり、生物学的な男女の性差の虚構に呪縛され、「女」という二極化され抽象化されたカテゴリーのなかに、あらゆる女を入れ込むものとなる。

二つ目の問題が、これに関係する。スピヴァックはフランス・フェミニズムを批判して、「女の解放を、次代再生産からの解放と同一視することは、反性差別を目的そのものにすることであり、女の主体という地位の確立を、疑問の余地のない善とみなすことであり、まさに主体主義の規範化がはらむ歴史的な危険性……に注意を払わないことである」(『文化としての他者』一九八七)と述べている。解剖学的な女の身体に依拠した問題提起は、女の身体を普遍化し、「女の身体」そのものが、他のさまざまな差異化軸によって社会的に成り立っていること──たとえば「ホッテントット・エプロン」(第3章参照)という人種差別的な言説──を無視することである。その結果、男がどのように女の身体を名づけているかとか、「女」がどのように自分自身の身体を把握しているかということだけが問題視されて、(スピヴァックの言葉をもじって言えば)他の女の身体はどのようなものか、彼女の身体をわたしはどのように呼んでいるのか、彼女はどのようにわたしの身体を呼んでいるのかという問いかけがなされないまま、「女」の身体が語られることになる。

三つ目の問題、これも先の事柄に関係しているが、女の身体を、既存の言語によって言語化される以前の〈過去〉に、すなわち象徴界ではなく想像界に設定することによって、それを現実に実現する範囲を狭めたり、あるいは現実からかけ離れた夢、ユートピアとして想定しがちになるということである。クリステヴァは女の身体を母の身体として、象徴界に参入する直前の原記号界に置き、原記号の作用が〈父〉の象徴秩序を崩す可能性をもつと主張したが、彼女はつねにそれを〈象徴界〉対〈原記号界〉、〈父の言語〉対〈母の身体〉という二項対立の枠組みのなかで思考した。それゆえクリステヴァの女の身体は、おぞましきコーラとして棄却される身体でしかなく、それが昇華されて現実化されるのは、出産の機能か詩的表現においてのみとなる。したがってバトラーが指摘したように、クリステヴァの理論では、父の象徴秩序を崩す一つの契機となる女の同性愛の欲望は、精神病として排除されたままである。

また女の快楽を称揚し、女同士の（官能性を含んだ）結びつきを理論的に（再）発見したイリガライやシクスーは、本国フランスだけでなく、アメリカ合衆国などでも、ラディカル・フェミニズム（たとえばアドリエンヌ・リッチ）の思想に呼応しつつ、政治的に大きな影響を与えてきた。だがそこで語られている解放的な言説は、言語のまえに存在していたとされる失われた楽園を、一挙に未来のユートピアのなかに思い描くものである。それは現実のさまざまな女のなかの差異を捨象するという弊害のほかに、あたかも男中心の言語に参入するまえには十全な快楽があったかのように語る既存の言語を、皮肉なことに確認してしまうことになる。たしかに精神／身体、文化／自然の二項対立では、精神や文化の方に価値が置かれている。だが精神や文化は、身体や自然を単に否定しているのではなく、失われた身体、失われた自然としてノスタルジックに懐古することによって——すなわちここにはけっして存在しないが、過去のかなたには美しい楽園として存在していたものとみなすことによって——不安定なその地位を獲得しているものである。また男の身体の特権性も、現在では排除されるべき快楽の残滓《ざんし》を「女の身体」に投影することによって、保証されている。事実そのような女の身体、女の快楽を、これまで男の身体は、性の二重基準によって占有してきた。したがって過去というかなたを、現実の複雑な権力地勢を看過したまま、未来というかなたに夢想することは、解放的な言説によって、逆説的に現実の権力布置を補完することになりかねない。

それでは、男中心的な認識を介しているがゆえに、また既存の言語によって構築されたものであるがゆえに、転覆することが困難な身体の意味づけを、どのようにフェミニズムは扱えばよいのだろう。それは認識論や社会構築論そのものを、もう一度問いかけることである。

## 3　形態論をめぐるフェミニズムの可能性

所与の事実ではなく社会的構築物であるジェンダーが、個人の身体として「物質化」されており、しかも「女」はジェンダーによってしるしづけられているがゆえに、その物質性、身体性をとくに強調されている――それも否定的に強調されている――ことに起因する「女」の再意味づけのジレンマは、これまでフェミニズムにつねにつきまとってきた。いったいフェミニズムは、物質性を――この場合は肯定的に――主張すべきなのか(たとえば母性原理の〔再〕発見)、それとも物質性を桎梏《しっこく》として否定すべきなのか(たとえばボーヴォワールの人間主義)。あるいは第三の道があるのだろうか。イリガライやシクスーの思想は、「女のエクリチュール」という新しい〈言語／身体〉を提示することによって、このジレンマを解決しようとした。しかしその試みも前節で述べたように、「女」の本質化、抽象化、普遍化、非現実化となって、既存の男中心の論理を補完する危険性をもつことが批判されてきた。性差は所与の〈存在〉ではなく〈認識〉であるとしても、その〈認識〉が〈物質〉として再生産されているジェンダー規範のメービウスの帯から、いったいわたしたちはどのように抜け出せばよいのだろう。

しかし、そもそものはじめよりフェミニズムを悩まし、おそらくこれに答えることなくフェミニズムの問題が解決されることはない認識‐物質のメービウスの帯は、それがメービウスの帯であることのために、攪乱される可能性をもちうると言うこともできる。なぜなら人間にとって物質は、それ自体で存在しているわけではないのと同様に、どのような認識もそれ自体で純粋に存在していることはない。ジェンダー規範は物質を性的身体として言語化していると同時に、性的身体は言語をジェンダー規範として物質化するものである。この物質の言語性、言語の物質性は、言語と物質がべつべつのもので、その両者が合わさったものではなく、両者はメービウスの帯のように捩《ね》じれながら一連の意味生成を互いにおこなっていることを示すものであり、この「捩じれ」が、固定的な意味づけとして分離されている自我（認識）と身体（物質）を、新しい意味づけへと導く可能性を秘めたものになりうる。

フロイトは自我を説明するさいに、「自我は何よりもまず身体自我である」と語った。彼は続けて、この身体の意味を明確にし、自我は「〔身体の〕表面が投射されたものである」と述べたが、この記述は、自我が身体に係留されたものであるというだけでなく、自我にとって身体は「身体表面」であることを語っている。わたしたちはともすれば、自我は身体から超越したもの、たとえ身体の内側に隠れ棲んでいるとしても、身体からは「離れて」、身体とは別個の働きをするものと考えている。しかしわたしたちの意識であり無意識の表出である自我は、身体なくして存在することはできず、自我はつねに身体と重なり合ったものである。またさらにわたしたちは、身体を、自我によって探触しえない「深さ」を有する実体とみなしがちだが、自我が身体に近づくことができるのは——すなわち自我が自分の身体として所有できるのは——唯一この身体表面のみである。なぜなら、自我が探り込むことができない身体の「深さ」は、探り込むことができないゆえに、意識にとっても無意識にとっても存在しているかどうかは定かではなく、もはや「身体」とも「物質」とも、名づけることは不可能なものであるからだ。身体の「深さ」は、それを自我が所有しているかぎり、深さではなく、自我と界面を接している——自我そのものである——身体表面にほかならない。したがって自我は何よりもまず身体自我であるとともに、身体もまた何よりもまず身体表面（身体形象）であると言うことができるだろう。

第Ⅰ部の「精神分析に対する両面的なアプローチ」で述べたように、ラカンはフロイトの「身体自我」という概念を発達させ、身体が実体的な物質としてではなく、鏡に映った形象（身体像）として想像的に獲得されるメカニズムを分析した。しかしフロイトもラカンも、〈形象〉としての身体の獲得を、自我の誕生を用意する一次的ナルシシズムの段階——すなわちリビドーの対象備給と自我備給がバランスを保つ二次的ナルシシズムに繋がる段階——に設定した。そのため彼らの理論では、身体像は、現存の社会で容認されている二次的ナルシシズムにおける対象選択——リビドー備給の対象を限定する性的同一性《セクシュアル・アイデンティティ》——を前もって反映したものとなる。すなわち、幼児期の早い時期に〈想像界〉の領域でなされる身体像の形成は、対象選択の規範化という〈象徴界〉の秩序を予測するかたちで、身体表面を性化するものである。その結果、一次的ナルシシズムから二次的ナルシシズムへの移行——〈想像界〉から〈象徴界〉への移行——が速やかにおこなえなかった者は、周縁化されたり、病理化される。女は母と同性であるために、〈想像界〉の母からの離脱が不十分で、そのため異性愛の対象選択が曖昧となり、したがって女という身体は不完全なものであり、またしたがって女の自我形成は不完全で、〈象徴界〉の言語に適切にアクセスできないと解釈される。規範的な性的身体をもっていないと考えられている同性愛者は、言うに及ばずである。

しかし身体が実体的な所与の物質ではなく、その後おこなわれる性的同一化をまえもって反映した「身体像」にすぎないということは、身体と自我の両方がどのような場合においても、非常に不安定で分離不可能なものであることを意味する。逆に言えば、そのような不安定で分離不可能な身体と自我が安定した二つのものになるために、身体表面を介して互いが互いを真似ながら、両者は物質と認識に見かけ上、分離されていく。認識が物質に反転するメービウスの帯は、幼児期の早い時期になされる一回きりのトリックではなく、認識と物質が(相互模倣)を繰り返している動的な機構である。

じつは、「女」の本質化となる危険性があると指摘されているイリガライの思考も、女の言語／身体を、「女」独自の内在的なものではなく、「模倣」であり、「形態」であると捉えている。彼女は、女の身体の病理だとみなされているヒステリーの語りを、「女性的な語り」の徴候として積極的に意味づけなおすが、しかしそのような女のヒステリーの語りは、けっして現実に存在する女の語りではないと断っている。彼女曰く、「ヒステリーは麻痺した身振りで――すなわち不可能で禁じられている語りの様式で――語る」(『ひとつではない女の性』)が、女の言表もまた男のモデルから借りてきたもので、「自分自身の観念やモデル――そんなものは一度として所有したことなどなかったが――とは合致しないものを真似ている」だけである(同前。強調は引用者)。そしてこのように「模倣する」女の語り、「不可能で禁じられている」ヒステリーの語りが、はたして女だけに特有のものか、それともどちらの性にも関係する構造的な語りの様式なのか、「答えを出すことは非常にむつかしい」と彼女は述べる。事実、「女を(として)語ることは、女について語ることではない」と述べ、それは、事実として存在している女ではなく、「女性的《フェミニン》とされている「他者」に、場所を与える試みである」(同前)と断っている。

このようにラカンの鏡像理論を使って、ラカンの男根ロゴス中心主義を批判するイリガライは、身体の形象性、言語構築性を、両性のどちらかだけに当てはめて論じているわけではない(イリガライは身体の形象性を、身体の「形態《モーフォロジー》」と呼んでいる。フロイトの「投射」、ラカンの「形象《イマーゴ》」、イリガライの「形態」は、この文脈では同一の意味合いをもつので、以降は議論の混乱を避けるために「形態」に統一する)。しかし他方で彼女は、もう一つの重要な視点も提示している。それは、現在の性の体制において圧倒的に声を奪われている者は誰かという問いである。男女で非対称的な性体制のもとで、劣位の身体像のなかに押し込められ、言表を聞き取ってもらえないのは「女」である。したがって、自己の語りを聞き取ってもらうために規範的な語りを模倣する行為は、ヒステリーという身体形態に分類されて、言語(制度)へのアクセスを制限されている「女」に特徴的な事柄である。だからイリガライは、「(今まで看過されていた)女という他者性を構築することは、男にも同様の他者性を構築することになるのか」という質問に対して、「そうです」と答えたのちに、「けれども、「他者」である男について語るのは、わたしの仕事でしょうか。……「他者」である男が言うべきことを、なぜわたしが強奪できるのでしょう」と逆に問いかけて、「男のセクシュアリティが男根支配の帝国に固執するのをやめたとき、男がどのように行動し、何を言うかは知りたいことではあるけれども、女がそれを先取りし、予見し、規定することはない」と断言する(同前)。

　たしかにイリガライが言うように、女の身体の他者化は歴史的条件であって、これを無視して身体の一般論を語ることは無意味である。だがその歴史的条件をどう扱うかによって、歴史的条件を反復することになりかねない。イリガライは、身体形態の模倣性がもつ制度攪乱的な機能を女性性に与え、同じ模倣性の制度固定化の機能を男性性に振り分けている。彼女の議論では、「男根形態主義」のなかで「明確な身体形態」とみなされている「ファルス(男根)」に自己同一化するのは、つねにペニスという身体部位を有する男であり、女は「固有の形態をもたない……不完全な性器」(同前)のなかに閉じ込められて、自己同一化を阻害された存在である。だからイリガライは一方で、模倣による置換は女に唯一残された対抗戦略だと言うが、この女の模倣戦略と、「ファルス」という形態そのものが孕んでいる男の模倣性とを結びつけることはしない。彼女は、「男根形態主義」を置換することができるのは、ひとえに、「ファルス」とは無縁の「二つの触れ合う唇」に依拠したまったく新しい形態を創造することによってだと論じている。その結果イリガライの描く未来においては、「他者」は新しい形態として「場所を与えられる」——すなわち、この形態を得た他者は「模倣する」必要がなくなる——ことになる。イリガライは、身体形態が有する不可避的な現実の模倣から出発して、模倣からの離脱という未来のユートピアへ飛翔したと言うことができるだろう。ではそのとき、もはや「他者」ではなくなったこの新しい身体は、あらゆる身体を説明しなおすものなのか。それともイリガライの言うように、それでもなお、性器による弁別とは異なったかたちの性的差異が存在するのか（『性的差異のエチカ』一九八四）。その性的差異は、「性的」差異と呼ばれる必要があるのだろうか。それはカテゴリーとしての差異なのか。それとも個々一人一人によって、また状況によって異なるという意味での差異なのか。

　イリガライの模倣理論を批判的に受け継いで、身体の形態性をパフォーマティヴィティという概念で説明しなおそうとしたのが、バトラーである。バトラーは『ジェンダー・トラブル』のなかではイリガライを批判しているが、『問題なのは肉体だ』（一九九三、邦題『問題《マター》＝物質となる身体』）では、イリガライの「形態」概念を、レズビアン・ファルスとして応用した。バトラーは、「身体の物質性は、ある意味で形態の確立によって獲得され、構築されるものなので、所与のものではない」（『問題なのは肉体だ』）と述べ、身体の形態化は、性別にかかわらず行使されると捉えた。しかもそもそも身体の形態化は、形態化であるゆえに、物質性ともっとも遠いとされる男の身体の象徴（ファルス）において、もっとも典型的に行使されるものではないか。そして身体は形態を「模倣した」ものである——形態を反復することによってパフォーマティヴに生産されるものであるということは、身体は模倣（反復）すべき形態モデルから、つねにずれているということを意味する。したがってファルスは身体の形態化の典型であるために、まさに「どのような身体も、それに適切に正確に近づくことはありえない」（同前）。ここにおいて、身体の形態性とその模倣性／パフォーマティヴィティは、規範的な身体形態から締め出された女の身体を「回復する」だけでなく、男の身体形態（ファルス）の牙城を、直截に突き崩すものになりえる。「男」の身体もまた、その形態性のゆえに、それ自身の形態モデルから置換され、べつの形態に変わりうるものとなる。

しかも前述したように、身体自我と身体表面は互いに互いを模倣しながら、互いが互いを〈性的同一性〉や〈性的身体〉として再生産している。だから、身体が模倣すべき形態モデルからずれているということは、性的同一化を図っているはずの自我もまた、規範的な同一化からずれていることを意味する。したがって形態化の理念であるファルスは、ファルスの投影である男の自我——男としての自己同一性——を攪乱することにもなる。ファルスは、解剖学的なペニスではなく形態学的なファルスであるからこそ——つまり、「言語の機能と欲望の出現が結びつく地点をあらわす特権的なシニフィアン」（『エクリ』、強調は引用者)であるからこそ――「男の身体」のみならず、「男の認識」の枠組みを攪乱することになりえるのである。

身体自我／身体表面が「形態」であるかぎり、それは「乗り換え可能《トランスファラブル》」であり、「再領土化」をおこなうものである。バトラーはファルスという身体自我／身体表面をパフォーマティヴに置換する新たな領土として、「レズビアン・ファルス」を持ち出し、このレズビアン・ファルスが、「覇権的な想像界(規範的な形態が出現する領域)とはべつの想像界(べつの形態が出現する領域)」を作りだす契機になると結論づけた(『問題なのは肉体だ』)。しかしこのバトラーの結論は、彼女自身が批判したイリガライと同様に――イリガライと異なって、「二つの唇」ではなく、「レズビアン・ファルス」という形態に変えてはいるが――覇権的な(男の)想像界のなかで、何が起こっているのかを説明するものではない。つまり、ペニスを所有する「男」がおこなう制度攪乱的な模倣については、何も語ってはいない。だが身体自我／身体表面が「形態」であるということは、ファルスとペニスを結ぶ必然的な根拠は何もないということであり、いわゆる「男」もまた、イリガライの言葉をもじって言えば「自分自身の観念でありモデルである」ファルスなど「一度として所有したことなどなく」、したがってファルスからの類推によってペニスの快楽を特権化する必要など、何もないということである。男という身体(ペニスを中心とした欲望)も、男としての自我(主体性)も、きわめて不安定な基盤によって成り立っており、その「適切で正確な」模倣は、どのような個別的なケースにおいてもつねに果たされてはいない。

おそらくフロイトの「身体自我」は、フロイトが想定していたよりも、またラカンによって再解釈された以上に、さらにイリガライによって批判的に受け継がれたものを超えて、そしてバトラーによって拡張された理論よりももっと根本的に、わたしたちの身体把握を攪乱するものである。それは「女」の身体のみならず、「男」の身体をも変える可能性をもつ概念であり、したがって「性的」身体という身体把握を無効にし、「性的」差異という言葉を無効にするものとなるだろう。形態の模倣性／パフォーマティヴィティが引き起こす形態の増殖は、「男」と「女」という二つの性に二極化された「性的」差異を空洞化していく。

だが身体形態の増殖は、模倣する／おこなう(パフォームする)者が選択しうる恣意的な差異の増加――ネオ・リベラリズム的な「自己決定」による差異の増加――を意味するものではない。何らかの新しい理想的な身体形態に向かって、差異を意図的に方向づけることはできない。そうではなくて身体形態の増殖は、個々の模倣や行為を条件づけている社会的・歴史的・状況的な事相が、錯綜した差異群を生みだしているということを意味している。だからそれぞれの場面で身体が身体形態からどのようにずれているか、その偏向がなぜ起こるか、どのように錯綜しているのかといった、いわば模倣の失敗の動的軌跡が、新しい身体形態へと——それがどのようなものかを前もって予測することは不可能な形態へと——わたしたちの身体を開いていくものとなるだろう。

# 第2章　慣　習

いずれみんな、わたしをちゃんと愛するようになる。
時間がかかるけれども、わたしを愛するようになる。
――トニ・モリスン

## 1　ジェンダー化され、ジェンダー化するハビトゥス

女は社会的にも政治的にも不十分な扱いしかなされず、また身体形態においても客体として搾取されやすい位置にあるにもかかわらず、そしてそのことが、少なくともここ一世紀以上のフェミニズムの運動や理論によって可視化されてきたにもかかわらず、いまだに抜本的な改変はなされておらず、それだけでなく、男のみならず女のなかでも――フェミニズムの内部においてさえ――問題が共有されていないのはなぜだろう。おそらくその理由は、「女」であることが単に狭義の意味での性的な事柄だけで決定されてはいないからである。女を「女」とみなすもっとも基盤的な根拠とされているものは、女の身体である。だが身体も、前章で述べたように、模倣によって得られる身体「形

態」でしかない。しかしその身体形態(最初の名づけ)は、そのうえに塗り重ねられていくさまざまな言説によって、その形態性——虚構性——が覆われて、逆に言説の物質的な起源として立ち上がってくる。問題は、身体の基盤的な虚構性を覆うこの言説群が、政治、経済、社会の複雑な価値体系によって構造化され、またその価値体系を構造化するものであるということだ。

たとえばフェミニズムの文脈で、「仕事か家庭か」という二者択一がよく登場する。現在では徐々に、「仕事も家庭も」あるいは「仕事も愛も」という新たな選択肢が加わってきた。しかしその場合でも、資本主義社会のなかで経済的自立を得るために、女が継続して有償労働に従事しようとするとき、それを阻もうとする幾つかの障害がある。まず女が経済的に自立するという前提が、その女が育ってきた家庭環境や教育環境、社会環境のなかで共有されているかどうか。つまり男と同様の有償労働につくための技能的訓練や心理的準備が、家庭や教育の場で若年のときより与えられてきたかどうか。つぎに職場やそれを取り巻く環境のなかで、仕事の機会や評価にジェンダー・バイアスがかかっていないかどうかだけでなく、男中心の慣行や組織が女を心理的に排除するものになっていないかどうか。また家庭(広義には生活)の維持については、それを快適で豊かなものにするための働きかけや道具立てに、女性性の評価や女特有の美学や生き甲斐が結びついていないかどうか。そしてそのことが、次代再生産の役割を家庭や女だけに押しつけるものになっていないかどうか。さらにエロスや愛情を芽生えさせ、はぐくむ文化や習俗のなかに、男を仕事に向かわせ、女を仕事から遠ざけるベクトルがかかっていないかどうか。またさらに有償労働以外の関心や目的に、とくに女を誘い込むような価値観や言説や商品が出回っていないかどうか……。残念なことに現在では、これらのすべての項目が、有償労働を選択する女にはいまだに不利に作用しており、社会的なお膳立てが整っている男と比べて、女は人生のさまざまな局面で抵抗と摩擦を、自己の外部に対してのみならず、自己の内面においても経験しなければならない。

むろん社会のお膳立てにのっとって自己を構築することが、何よりもまして最良のことではなく、またそれが完全に可能なわけでもない。だがわたしたちを条件づけ、構造化している環境に対立して自己を構築することは、自己構築の不安定感、断絶性を呼びおこす。なぜなら、女が有償労働につく障害として上に列挙した事柄は、単に個々の社会環境というだけではなく、人の生活様式や身体や知覚を構築する枠組みを提供しているからである。この枠組みをピエール・ブルデューは、「構造化する構造、ハビトゥス」と呼んだ。

ブルデューによれば、ハビトゥス(規範システム)は、「集団のすべての特性、およびその特性と他の集団の特性についての判断を生みだす生成原理」であり、その集団の成員に対して「道理にかなった慣習行動を生みだし、またこうして生みだされた慣習行動に意味を与える知覚を生みだす」ものである(『ディスタンクシオン』一九七九)。このようにハビトゥスは、自己を外部から支える「生活様式として機能して」いるが、同時にそれは、生活様式を成り立たせている自己の慣習行動を統一し生成する原理であり、慣習行動を内発的で自然なものとみなす自己の知覚や意識を組織化するものである。歴史的にみれば、あるいはグローバルな観点に立てば、偶発的で個別的な文化の文脈のなかで外的に整えられ、外的に表現されているにすぎない動作や価値判断や消費が、「意識の自然発生」とか「身体化された必然」という「幻想」に擦りかわる(同前)。

したがって、本来は文化慣習によって生みだされる「誤認」であるにもかかわらず、すなわち「頭のなかで作り上げられた秩序の承認」(同前)であるにもかかわらず、それを自然な認知とか身体の必然的な所産と思い込ませているハビトゥスの機能は、そのハビトゥスの成員が集団のそとに出ることも、そとからハビトゥスの集団のなかに入ることも、非常に困難にさせている。なぜなら、ハビトゥスは単に排他的に作用しているだけでなく、排他性に抗してその集団のなかに入ろうとする者に、あるいはそこから出ようとする者に、自分の知覚や身体認識を根底から翻すことを要請するからだ。しかもハビトゥスは空間的な拡がりだけでなく、時系的な連続性をもつものなので――つまり幼児期より反復的になされる経験の蓄積を包摂しているので――知覚や身体認識の抜本的な改変はそもそも不可能である。そのため、あるハビトゥスのなかに入ろうとする者や、そこから出ようとする者は、知覚や身体にふるわれるハビトゥスの「象徴的な暴力」のために、自己構築の不安定性を心的・身体的構造のなかに抱え込むことになる。

ブルデューが最初にハビトゥスの概念を提示したときには、女の慣習行動に言及しつつも、おもに考察の対象にしたのは「階級」におけるハビトゥスだった。だが九〇年代にはいってからは、ハビトゥスが「ジェンダー化されていると同時に、ジェンダー化する」（『再帰的社会学への招待』一九九二）ものであることに積極的に着目し、フェミニズムの困難さを生みだしている文化状況にも触れていく。旧来より彼が主張していることは、知識人と労働者という階層秩序が「労働者に、抑圧や搾取を当然で「自然」な条件と錯覚させ」（同前）、彼らから、自分たちの状況に対する抵抗や反逆のきっかけを完全に奪い取っているというものであったが、この持論は、「女に向けられている象徴的な暴力」を説明するものでもあると述べ始めた。

> 女は（公／男と私／女の二分法のもとに）公的活動や公的儀式の全領域から構造的に排除されているが、それは同時に、女が自らをそのような領域から排除されるように仕向ける〔女の〕広場恐怖症といったものが、社会的に構築されているということである。このことは、この状況に女が歯向かおうとするときに、女が極度の緊張を経験せざるをえないこと、また女が自分自身の身体のなかに深く刻まれた排除を承

認するのをやめようとする努力に呼応してのみ、それが可能になることを示している。（同前。強調は引用者）

女が有償労働といった公的領域に出るときにそれを阻むものが、〈身体化された文化〉であり〈知覚に組み込まれた慣習〉であることは、公的領域で活動する女に、男――少なくとも異性愛の男――が経験することがないような心的、身体的な緊張と不安定感を呼び起こす。ジェンダー化されジェンダー化するハビトゥスが女に与える象徴的な暴力は、「ホモソーシャル」の概念から照射するとわかりやすいと思われる。

## 2　ホモソーシャルな公的領域

「ホモソーシャル」は、異性愛の男社会を説明するためにセジウィックが案出した概念である（もっともその先行概念はゲール・ルービンとイリガライに見られる）。セジウィックは、男中心の社会を支えている男同士の絆のなかに「ホモソーシャルな欲望」が存在していることを指摘した。男同士の絆を叙述するさいに「ホモセクシュアル」ではなく、「社会的」という意味の「ホモソーシャル」の語が使われていることからも明らかなように、社会制度を支えている男たちの連帯は、性的対象としての女の交換――たとえば結婚制度では、女は一つの家族（父の家）からべつの家族（夫の家）へ移動する――を前提としている。ホモソーシャルな共同体は、性差別的な異性愛主義、すなわち「女性蔑視」と「同性愛嫌悪」に基づいたものである（性差別《セクシズム》と異性愛主義《ヘテロセクシズム》は別個に分離したものではなく、両者が共謀して近代の性抑圧を生産していると捉え、それを「〔ヘテロ〕セクシズム」と呼ぶことにした。これについては、拙論「資本主義社会とセクシュアリティ」〔『愛について』に第一章として所収〕参照）。

したがって男同士のあいだに強い絆が作られていればいるほど、それを同性愛と読み取られないように、（同性愛がことさら排除されるようになった二〇世紀初頭以降ではとくに）彼らの同性愛嫌悪は強まっていく。自分たちの絆に潜んでいる心情的・身体的なホモエロティシズムを、同性愛者という否定的なカテゴリーに押しつけ、自分たちが異性愛者であること――自分たちの身体が、女を性的対象とする「男の身体」であること――を強調する。セジウィックの主たる関心は、次節で述べるように、ホモソーシャルな社会における女の位置ではなく、男同士の絆の方で、男たちがいかに自分たちの心情を強迫観念的《パラノイア》に同性愛者に投射しているかということ、逆に言えば、ゲイ男性のアイデンティティは本質的なものではなく、「男の異性愛に内在する非一貫性」を反映したものにすぎないことを分析することだった。だが異性愛主義の男社会を解きあかすホモソーシャルの概念は、それと表裏一体をなすフェミニズムの苦境を説明するものでもある。なぜなら女が公的空間に入っていくということは、とりもなおさず、このホモソーシャルなハビトゥスのなかに女が入っていくことを意味するからだ。

ハビトゥスは〈身体化された文化〉であり、〈知覚に組み込まれた慣習〉である。そして近代社会は、ブルデューが述べているように、ジェンダー化しジェンダー化されたハビトゥス、すなわち「男の身体の必然」と「女の身体の必然」を生みだし、男の身体を公的領域に、女の身体を私的領域に割りふるものである。文化的慣習によって築かれている男たちの共同体は、知へのアクセスの仕方、運動競技への関わり方、人間関係の構築、友情の持ち方、食事の仕方、装い方、話し方、振るまい方などによって、若年のときから男たちのあいだに男のハビトゥスを醸成する。むろん男といっても種々様々で、それぞれの行為に、つねに共通する明示的な男性性があるわけではない。同じ行為は、一見して女によっても共有されうるかのように見える。だが男たちの公的領域のなかに入りえた女でさえ、自分がどこか「傍流」のように感じるのは、公的領域を構築している文化慣習のなかに、男という「特性」を生みだし、それに「価値」を与え、それを「身体の必然」に変える暗示的な男性性が存在しているからである。暗示的な男性性とは、女を性的対象とする——もっと正確に言えば、自分はその集団の成員の性的対象にはならない——という、男たちの暗黙の合意を基盤にした男性性である。男たちの慣習行動がたとえどのように多様で多彩であっても、それらは、自分はその集団の成員の性的対象

（つまり女）にはならないという一点において、女の慣習行動とははっきりと区別される。そして「女ではない」という否定集合に基づく慣習行動は、いかに女が同様の慣習行動にアクセスしようとしても、それとの差異化を図り、それを排除することを可能にしている。

男たちによって緊密に組織された公的領域は、それが緊密に組織されればされるほど、けっして同性愛的だとは解釈されないように、そこから男同士のエロスの可能性は追放される。公的領域からは、その成員を性化する可能性は、徹底的に排除されている。そして性愛的な含意を――少なくとも表面上は――抑圧した公的領域において、男たちの紐帯《ちゅうたい》はますます固く、深く醸成される。したがって男たちの公的領域を維持するには、男たちだけで結束することだけでは不十分で――むしろ危険なことであり――女を、共同体に不可欠な項として取り込まなければならない。しかしその場合も、女を、男たちの繋がりの「内部」に主体として介入するかたちではなく、男たちだけの精神的で制度的な絆を強め深めるための私的で身体的な「客体」（愛やエロスの対象）として、その絆の「外部」に位置づけなければならない。このように、ホモソーシャルな男の領域は、性的要素を公的領域のなかから排除すること、そしてその要素を公的領域のそと――つまり私的領域のなか――に局所化すること、この二つによって成り立つものである。

したがって、たとえ男の集団の内部にどのような分裂や闘争があったとしても、男にとって「性愛性」を含意している女が、その集団の慣習行動を占有しようとするときには、彼らは一様にうろたえ、戸惑い、意識・無意識にその侵入を妨害したり、「女の身体」として搾取したり、その身体を矮小化したり、脱性化したりして、やり過ごそうとする。カミングアウトしたゲイ男性に対しても、構造的には同様の拒否反応を呼びおこす(ゲイ研究とフェミニズムが「出会える」のは、まさにこの点であると思われる)。だからホモソーシャルな公的領域に参入する女は、(1)女の身体のみならず、性的身体そのものであることを断念するか(女が社会進出した初期にとくによく見られた「独身の働く女」のイメージ)、(2)「女の身体」であることが求められる公的職業についているか(ある種のサービス業)、(3)「女の身体」から類推される私的で「女性的」で「それほど重要でない」職種が与えられているか、(4)公的領域で「女の身体」であることを搾取されるか(セクシュアル・ハラスメント)、(5)ときどき、あるいはつねに、自分がどこか男たちの絆の「傍流」であると気づかされたり、あるいは逆説的に、その傍流性が女に一時的に有利に働いていると感じるといった、さまざまな困難さや屈曲を経験することになる。女が男と同じ待遇で公的領域に進出できるようになってきた現在でも、この状況は抜本的に解決されているわけではなく、女の身体認識を分裂させるものとなっている。

なぜなら女が公的領域に参入することは、男のホモソーシャルなハビトゥスのなかに入ることなので、女は、集団の成員の性的対象ではなくなる――「女の身体ではなくなる」――ことが求められる。むろん「女の身体」は、性差別的な社会では、性的主体ではなく、男の性的対象であることを意味するので、「女の身体でなくなる」ことは、フェミニズムの目的に叶うことではある。

しかしことはそう簡単ではない。なぜなら「ジェンダー化されていると同時に、ジェンダー化しているハビトゥス」は、一方でホモソーシャルな絆を結ぶ「男の身体の必然」を形成していると同時に、他方でそれを補完する「女の身体の必然」を形成している。したがってこのハビトゥスの内部では、女は、男の愛(エロス)の対象となること、それを制度的に保証する妻になること、妻の身分を安定化させる母になること等々にまつわる、さまざまな慣習行動や知覚を自然化することを求められているからだ。そしてハビトゥスは慣習行動を偏在的に生みだすものなので、たとえ女が何らかの理由で現実的には妻や母になっていなくても、ハビトゥスの潜在的な象徴権力は、女のなかに内面化、身体化されている。「女の慣習行為」は、男のそれと同様に、それに対して問題が投げかけられることなく――もはや「幻想」であると知覚されることもなく――身体に刻み込まれている。このようにして「自然発生化」された「女の身体」は、「男の身体」によって構築される公的領域では齟齬《そご》をきたし、公的領域に入る女は、「極度の緊張」と自己の身体認識の分裂を抱えることになる。二つの身体的必然を体系づけているジェンダー化された慣習行動によって、女の意識と女の時間は二重化されるのである。

それゆえ皮肉なことに、男中心のハビトゥスの周縁にいる「傍流」の女が、公的領域の「主流」に参入しうるという、ハビトゥスのディスタンクシオン(卓越性)から見れば転倒した事態――なぜなら本来ディスタンクシオンは、ハビトゥスの主流にいる者が文化資本を蓄積することによって得られるものだから――が出現することになる。たとえば、ホモソーシャルな共同体の典型であるハリウッド映画産業では、女の監督はきわめて少ない。ほとんど皆無である。文化資本を蓄積できない女が、そのハビトゥスでディスタンクシオンを獲得するのは、そもそも不可能である。だがそのような環境のなかで、つい最近までほとんど唯一の女の監督であったドロシー・アーズナーがその地位を獲得できたのは、彼女がレズビアンであったためだと言われている。当時の彼女の写真を見ると、男の服装をし、男の物腰で撮影している姿が映っている。レズビアンのアーズナーは「女の身体」を持つことを完全に拒否した(できた)ために――ジェンダー化され、ジェンダー化するハビトゥスの周縁にいたために――逆説的に、ホモソーシャルな男の公的領域に参与して、そこで文化資本を共有するパスポートが得られたわけである。

また最近のアメリカ合衆国の調査によれば(セス・サンダーズによる国立衛生研究所委託研究)、レズビアンの所得はストレートの女の所得よりも三五%以上も多いという「きわめて驚くべき」結果が出ている。というのも従来では、レズビアンは社会的に抑圧されているために、所得が低いと見られていた。この調査は、クローゼットにいる者をどう扱うかや、アンケートの回答者の範囲をどう設定するかによって、数字が異なる場合がありうるだろうが、これに付されているサンダーズのコメントは、ハビトゥスの傍流―主流の転倒を説明するものである。彼によれば、この統計は、市場がレズビアンを高遇しているということではなく、「レズビアンは異性愛の女よりも、家計や子供の養育に経済的に責任をもたねばならないと自覚しており、おそらくそのことが、経済的に有利な伝統的な男社会に、レズビアンを進出させている」ことを語っている(『アドヴォケイト』二〇〇〇年七月四日号)。少なくとも女の場合は、ジェンダー化しジェンダー化されているハビトゥスを内面化、身体化しない(できない)者ほど、公的領域に出る可能性が高くなる場合があると言えるだろう。

それと似たことを、トリル・モイはボーヴォワールの分析で述べている(『シモーヌ・ド・ボーヴォワール』)。ボーヴォワールが育った家庭は中流階級だったにもかかわらず、第一次大戦後のインフレのせいで経済的なゆとりがなかったのに反して、彼女の級友のザザの家庭は裕福だった。そのためザザは、ボーヴォワールと同様に当時は男の生徒の科目とされていた数学においてさえ優秀な成績をおさめていたにもかかわらず、ボーヴォワールと異なってそれ以上の学問の領域には進まず、ジェンダー化するハビトゥスが他方で用意している「伝統的に適切な結婚」という社会資本の追求に向かった。ボーヴォワールの家庭はザザの家庭ほど経済的に恵まれていなかったために、彼女は学校の先生になるべく進学して、ホモソーシャルな公的領域の慣習行動を奪取する機会を得たが、ザザはそれを失った。学問教育に限らず、女にさまざまな公的技能の習得の機会がひらかれてきた現在でも、女がジェンダー化するハビトゥスにしたがって「女の身体」のディスタンクシオンを競うかぎり、自分が蓄積した文化資本(たとえば学歴資本)の圏域でのディスタンクシオンを得ることは、構造的には不可能であり、それに挑戦しようとする場合には、大きな困難さを個人的な問題として——すなわち自己の身体認識の分裂として——引き受けざるをえないことになる。

ホモソーシャルな公的領域に参入する個々の女を自縛しているこの身体の二重性は、フェミニズムがこれまで直線的に進行してこず、第I部で述べたように、さまざまな分裂を通時的にも共時的にも抱えてきたことを説明するものである。またこれは、女の抑圧を、「マルクス主義」の視点(資本制批判)だけで、あるいは「ラディカル・フェミニズム」の視点(家父長制批判)だけで、また両者を統合して論じようとする「二元システム論」で解明し、女の解放へ繋げていこうとするときに遭遇するフェミニズムの袋小路を説明するものでもある。ジェンダー化されジェンダー化するハビトゥスがわたしたちの慣習行動を「身体の必然」として構造化しているものならば、そのホモソーシャルなハビトゥスの内部で、わたしたちは新しいハビトゥスをはたして構築することなど、できるだろうか。単に女が、脱性化した身体、特殊化された身体、二重化された身体となって公的な男の領域に入っていくのではなく、公的／私的領域において女が――ということは男も――新しい「身体の必然」を手に入れることは、現在の形態の「身体の必然」が刻まれているわたしたちに、いったい可能なのだろうか。

しかしおそらく、それは可能である。それを可能にしているものは、ハビトゥスが「構造化する構造である」ということ――つまりどのように慣習行動がハビトゥスによって構造化されていようとも、慣習行動《プラクティス》＝実践という個々の行為によってしか、そのハビトゥスは存在することも、存続することもできないということ、したがってホモソーシャルな共同体は、精神と身体、公と私、男と女、異性愛と同性愛を安定的に分断しているのではなく、じつは強迫観念的なパニック（「同性愛パニック」）によってかろうじて両者を分離しているにすぎない、きわめて不安定なものであるためである。

## 3　ポスト・ファミリーに向けて

『男たちのあいだ』（一九八五）や『クローゼットの認識論』（一九九〇）で「ホモソーシャル」の概念を提示したセジウィックは、バトラーと並んでクィア理論の旗手と目されているが、フェミニズムへの貢献についてはあまり語られてこなかった。彼女自身、自分の研究をフェミニズムのなかに積極的には位置づけずに、「通時性や物語〔だけ〕をあつかう歴史主義や「マルクス主義」のフェミニズム」や「共時性や図式〔だけ〕をあつかう「ラディカル」、構造主義、脱構築、「フランス」のフェミニズム」では不十分で、両者を合わせた新しい視点が必要であり(『男たちのあいだ』)、また「セクシュアリティ研究はジェンダー研究と同延上にはなく、したがって〔自分の〕反=同性愛嫌悪の研究は、フェミニズム研究と同延上にはない」(『クローゼットの認識論』)と述べている。

フェミニズムはこれまで、男女の力関係や、女同士の関係には多くの知見を蓄積してきた。しかし「男たちのあいだ」で――しかも父権的な男たちのあいだで――何が起こっているかについては、比較的無関心だった。しかし男同士の関係を「ホモソーシャルな欲望」の視点から捉えなおして、非対称的な性体制を、特権を奪われている女の側からではなく、特権を得ているようにみえる男の側から説明しようとしたセジウィックの分析は、フェミニズムに大きな示唆を与えるものである。

近代の核家族のイデオロギーでは、公的領域は公的事柄を遂行する男の領域であり、私的領域は私的事柄をおこなう女の領域だと考えられている。理念上、また実際上、この領域の分化はジェンダーの面からもセクシュアリティの面からも、性差別をもたらしている大きな要因である。だが公的領域や私的領域という場合の〈公《パブリック》〉や〈私《プライヴェイト》〉の意味をもう少し詳しく考えてみると、かならずしも公=男、私=女という図式だけでは説明できないことに気づく。なぜなら、近代の性体制のなかで男に割りふられてきた公的領域は、はたして本当に公的なものなのか、また私的事柄は本当に女のものなのかという疑問が湧いてくるからだ。

　前節で述べたように、「ホモソーシャルな欲望」の概念は、認可された男たちの集団――公的領域――のなかに、男たちの密接な結びつきがあることを指摘するものである。公的領域が男に限定されているかぎり、「そこに入る資格を得るためには、ある種の緊密な男同士の絆が必要で」(『クローゼットの認識論』、以下同書による)、それはたとえば「男同士の友情とか、指導関係とか、そのようになりたいと願う憧れとか、官僚制度の主従関係とか、女をめぐるライバル関係」といったものである。しかし同盟や競争や主従関係や憧憬や慕情を含みこんだこの男たちの密接な結束は、じつは「もっとも忌むべきものとして排斥される絆(同性愛)と、容易には区別できない」。「熱烈な男同士のホモソーシャルな欲望は、もっとも義務化されていると同時に、もっとも禁止されている社会的な絆」である。そのため男たちは「自分自身の「同性愛性」に恐怖をいだいて」、そのパニックから彼らは「操作されやすく、潜在的な暴力性を秘めたものとなり」、自分たちの結束に対しては「前もっての規律化《プレスクリプション》」、同性愛に対しては「事後的な禁止《ポストスクリプション》」という強い拘束力を双方にかけることになる。前節では、そのような男たちの結束のなかに女が参与するときの困難さに焦点を当てたが、この二律背反的な絆がおよぼす男の自己構築の複雑さは、〈公〉の意味の曖昧さや公的領域の不安定さを説明するものでもある。

むろん、義務化されている絆と禁止されるべき絆、公的制度と私的感情のダブル・バインドから後者を切り捨てて、男同士の繋がりを公的で安定的なものにするために、女が男の性的対象として導入される。しかし女を、社会的な絆を構成する一員としてではなく、あくまで絆の外部に、絆を安定化させる第三項として導入しているために、男たちの公的な絆のなかに潜む私的で親密な繋がりは無傷のまま、氷のなかに閉じ込められた花のように秘匿される。それが抹消されていないことは、世の中に出回っている物語や映画のメインテーマ(西部劇や任俠物など)のなかに、また異性愛ロマンスのサブテーマのなかに、男たちの友情や信頼や、エロティックなまでの彼らの確執がかならずと言っていいほど描かれているのを見ればよくわかる。男たちの紐帯の私的性《プライヴァシィ》は、公的領域のなかに——公的な「男」の領域であればあるほど——生きつづけ、その結果男たちは、たとえ無意識のレベルにおいてであろうと、公と私の危うい境界画定をつねにおこなっていなければならない。この境界画定が不安定なのは、自分たちの紐帯の公的性質や制度性を強調するために導入される第三項としての女が、万能ではないからではないだろうか。男は、私的領域において女とのあいだに強い関係を結べば結ぶほど、今度はその男の公的性質が疑われ、彼は女性化された存在とみなされてしまう。男は男たちの絆に対してだけではなく、女との関わりにおいても、それを押し進めるのか、それとも途中で引きとどまるかの、きわどい境目に立たされている。

このように男同士の絆に対しても、またそれを安全なものに読み換えるはずの女との関係においても、公＝私の自家撞着をかかえ、その境界を自明化、確定化することができない男たちは、同性愛嫌悪の追及から逃れて、公的な自己をなんとか確立するために、幾重もの物語の鎧を身につけることになる。セジウィックの洞察のなかで興味深いのは、ニーチェについて分析した箇所である。彼女はフロイトを引用しながら、「ホモ（同士愛）から自己への同一化」に転換する道筋を、次のように説明する。

　同性愛嫌悪の発話体制のなかでは、「わたし（男）は彼（男）を愛する」と語ることはできない。この発話を否定するために、センテンスは、つまりエロスは、次の四つの可能性へと変換される。第一は「わたしは彼を愛していない、彼を憎んでいる」、第二は「わたしは彼を愛していない、わたしは彼女を愛している」、第三は「わたしは彼を愛していない、彼女が彼を愛している」、最後に「わたしは彼を愛していない、わたしは誰も愛していない」。セジウィックはこの四つの可能性はすべてニーチェに当てはまると解説しているが、これはニーチェのみならず、異性愛的な男社会を明確に説明するものである。第一の可能性は、友情や連帯を危険な愛の方向ではなく、ともに相競う場に変えていくために世に喧伝されている規律的なレトリック（女をめぐる男同士の争いや、個人主義社会における競争原理）の根幹をなすものである。第二と第三の可能性は、これまで述べてきたような第三の項としての女の導入である。この二つは、最終的には異性愛プロットに回収される男同士の繋がりとして、しばしば物語化されるほど、もっとも口当たりの良い変換だが、女との愛が完全には追及されていないことは前に述べたとおりである。第四の可能性も、同じ逡巡――男同士の絆に対してのみならず、女との関わりにおいても、微妙に立ち竦まざるをえない男たちの苦境――を説明している。この四つの変換の可能性は、すべて愛への諦念や挫折に帰着するものだが、そのことを赤裸々に示すのが、フロイトがあえて挙げなかった第五の可能性――「フロイトのプロジェクトのもっとも根底にあったために、それを口に出そうとすら思わなかった」もっともラディカルな変換――「わたしは彼を愛していない、わたしは彼である」という変換である。

男社会のハビトゥスは、男たちが共有する多様な慣習行動をつくりだし、そのなかで男たちは密接な関係性や同士的な空間を醸成していく。だがその親密さは、私的な内密性には解釈されない。なぜならそのとき、男は「彼である」からだ。「彼を愛する者」から「彼である者」への変換は、〈私〉(男への愛)を体内化して、〈公〉(男そのもの)に変えたことを意味する。それはバトラーが母娘で指摘したのと同じ、「愛の忘却」から導き出される体内化である(母娘の愛の忘却のメカニズムについては、本書では頁数の都合上詳述できないので、拙論「あなたを忘れない」〔『愛について』に第三章として所収〕を参照してほしい)。

そう言えばフロイトのエディプス構造は、息子が父に「なる」ことによって、その不安定性（去勢コンプレックス）を解消するものだった。とすれば、核家族を象徴しているかのように捉えられている父―母―子のエディプスの愛の物語は、じつは核家族の「常態」を描写しているのではなく、核家族の「前夜」、息子が父に「なる」直前の通過儀礼を説明するものである。エディプス構造のなかで展開される母の愛を父と争うことによって、男児は父と同じ性、男になる。エディプス構造のなかで展開される「母への愛の物語」は、男児に最初の性の名づけをもたらす。だが男児が「男」と名づけられたとたん、エディプスの三角形から母の項は退いて、あとには、母（女）をまさにその存在証明として外部に位置づける父と息子、二人の男の強力な模倣関係、競合関係――いわば「父への愛の物語」といったもの――が、公的領域すなわち〈象徴界〉の言語秩序のなかで繰り広げられると言えるだろう。

近代の核家族システムでは、男児は、〔承認された異性愛の〕母への愛の断念から、〔承認されない同性愛の〕父への愛の断念へと移行する。前者は承認された愛なので、その喪失は「悲哀」によって――何を失ったかを知っているので、それを嘆くことによって――解決されるが、後者は承認されない愛なので「メランコリー」のなかに――何を失ったかもわからない根源的な喪失なので、それを嘆くことすらできない鬱屈した状態――のなかに閉じ込められる。失った対象を忘れなければならない男の父への愛は、恒常的な抑鬱状態を生みだし、このような男の身体を生成する公的領域は、愛の忘却の空白をそのなかに抱えこむ不安定なハビトゥスとなる。同性愛嫌悪のエディプス三角形によって、母とはべつの性――父と同じ性――に名づけられた男児は、最初のトラウマ(母への愛の喪失)を解決するために、もっと深刻な同性愛嫌悪のトラウマ(父への愛の喪失)を経験しなければならなくなる。父の領域に参入した男は、父の領域(男たちの公的領域)が用意する男たちの慣習行動のなかで、父(男)への愛を醸成するが、それをけっして「愛」とみなすことはできず、男への愛を、「男になる」――女を愛する身体になる――ことで解決しようとする。しかしそれは、最初のトラウマを糊塗するものであるはずの父との緊密な関係が、はからずも――あるいは当然に――新しいトラウマを生み出し、その新しいトラウマを、最初のトラウマによって構築された「異性愛の男」という「身体の必然」で解決しようとすることである。母への愛から父への愛に、そして男への愛に、そして女への愛にという、この堂々巡りは、男が自分が参入した公的領域のなかで――その慣習行動をつうじて――愛の喪失を反復しなければならないことを意味する。しかし男たちの慣習行動は、愛の喪失を反復させるものであるにもかかわらず、彼らはそれを完全に捨て去ることはできない。なぜなら男は、父の領域に入ることによってのみ、公的な主体を確立できるからだ。

だがその中心に愛の喪失を内包する男の愛の物語の悪循環は、「精神分析」と「社会構築主義」(constructionism)を、すなわち「構造」と「歴史」を、ダイナミックに結びつけるものであり、精神分析の本質主義的決定論からも、構築決定主義(constructiv-ism)がもつ同一化への信奉からも離脱できる可能性を秘めたものである。なぜなら、これまで述べてきたように、男＝公、女＝私の境界は、原因と結果を相互に入れ換えるウロボロスのレトリックによって、きわどく設定されているにすぎず、むしろ、〈公〉＝精神＝異性愛あるいは〈私〉＝身体＝同性愛の換喩的な転移は、男の側からつねにすでに、いつも侵犯されているからである。

また女の側も、マルクス主義フェミニズムが指摘してきたように、私的領域に閉じ込められているからといって、私的事柄を所有しているわけではない。キャサリン・マッキノンがすでに八〇年代初めに述べたように、「内密性《プライヴァシイ》こそ、女が女としてそうなることも、それを持つことも許されてこなかったことであり、他方、私的な事柄《ザ・プライヴェイト》は女に結びつけられ、また男のみがそれを持ちうるという条件で女が定義されているものである」(「フェミニズム・マルクス主義・方法論・国家」)。育児や子供の教育や家事や介護といった私的領域内の女の性役割(ジェンダー)は、けっして彼女たち自身の私的事柄ではなく、公的な再生産労働であり、またセクシュアリティの面でも、セクシュアリティが女の交換という〈ヘテロ〉セクシストな「制度」のなかに位置づけられているかぎり、女がセクシュアリティを「所有している」と言うことはできない。

一見して社会のなかで自然化されているように見える男／女の境界は、公／私、異性愛／同性愛、家庭外／内の境界を、恣意的に修辞的に操作することでかろうじて保持されている。しかもその操作は、公的領域のなかで構造化されたさまざまな慣習行動——男同士の絆をはぐくむ実践——をつうじてなされるが、それらの慣習行動が内包する否定された愛、挫折した欲望は、慣習行動の単純な反復生産をはばみ、それを構造化している公的領域のハビトゥスを変形しうるものになるだろう。しかしそれは、単純に公的領域のなかで同性愛者を「承認」することではない。なぜなら、そもそも同性愛者というカテゴリー自体が、男同士の絆のダブル・バインドが引き起こす同性愛パニックによって、「男の異性愛に内在する非一貫性」を「投射」されたものにすぎないからだ。だから慣習行動がもたらす必然的なズレ、創造的な反復によって逆構築されていく新しい性のハビトゥスは、異性愛／同性愛という名づけ、男の身体／女の身体という名づけを無効にし、公／私、家庭外／内の境界を新しく引きなおすハビトゥス——男女二人によって構築される核家族とはべつの結びつきを生み出すハビトゥス、いわば公的領域のなかに欲望と愛が棄却されずに入り込み、家庭のなかの私的事柄と詐称されていたものが公的事柄と認められるような新しい形態の人間関係——を出現させるものとなるだろう。性差別的な同性愛パニックによって矮小化されないこのポスト・ファミリーとも言うべき形態が、たとえ抑圧からの完全な解放ではないにしても、少なくとも、現在の性の抑圧からは解放されたものであることを望みたい。

# 第3章　グローバル化

エディプスはつねにべつの形でおこなわれる植民地化である。それは内なる植民地であり……我々自身の内面の植民地関係である。

――ジル・ドゥルーズとフェリックス・ガタリ

## 1　境界によって分断される女

長野オリンピックの開会式で、聖火入場のバックにプッチーニの「蝶々夫人」が流れた。一九九八年のことである。あまりの屈託のなさに驚き、これはナイーブな曲目選択などではなく、きっと深遠で痛烈なパロディに違いないと思って、諧謔《かいぎゃく》的なひねりがなされるのを今か今かと待っていたが、そんなことは起こらず、巫女のような衣装を身にまとった最終ランナーが聖火を点火するはこびになっていった。しかしそもそもオリンピックがナショナリスティックなイベントから脱し切れておらず、また他方で、国境を越えてマネーが動くネオコロニアルな状況を加速させてもおり、そのうえ――たしかに女の競技種目がぞくぞくと加えられてきたとはいえ——男中心の企画運営を払拭できていない以上、長野オリンピックの開会式が植民地主義と性差別に無頓着だったのは、当然の成り行きなのかもしれない。しかしこのことは、性の体制が国家や民族という想像体と無縁に存在していないこと——植民地主義と性抑圧が二重構造をなしていること——に対する批判的な視座が、少なくとも当時の日本では(わずか二年前のことである)、公的に共有されていなかったことを示すものである。

植民地主義による性搾取について、わたしたちはともすれば、宗主国がすでに自らの国民国家のなかで他人種や他民族に対する偏見を醸成しており、それを性暴力のかたちで植民地の人びとに向けたと考えがちである。しかし近代の資本制において、宗主国の生産様式を稼働させるために、植民地を資源化して搾取することが必須だったように、近代国家は自国《ドメスティック》の性体制を維持するために——現実的にも想像的にも——その外部に性的な他者を生産する必要があった。

たとえば、啓蒙思想とともに近代科学が唱導され、解剖学が発達した。近代国家の内部で、解剖する男の医師(知を有する主体)と、解剖台のうえの裸体の女(客体である他者)という図式が作られ、絵画のテーマとして繰り返し描かれたが(ジョーダノヴァ『セクシュアル・ヴィジョンズ』一九八九)、国境の内外にも同じ図式が用いられた。たとえば当時ホッテントットの女は突き出た胸と臀部《でんぶ》が異常に強調され、生殖器が「ホッテントット・エプロン」と名づけられて、その写真がことさらに学術誌に掲載され、彼女たちは「性の過剰」の表象となった。「女性性器は男性性器よりも原始的なものと見なされ、女の性は臀部のイメージに連結し、臀部のきわめつけはホッテントットの女である」という置き換えが流布したのである。そのさいに未開は病気と同義に解釈され、彼女たちの性器は娼婦の爛《ただ》れた性器に、また先天性疾患にと、換喩的に変奏された（ギルマン「黒い身体・白い身体」一九八五）。

他方で、オリエンタリズムのレトリックによって、国境のそとの女は性的魅惑に満ちたもの、しかし自国の性規範を持ちつづけているかぎり、彼女への欲望はつねに挫折する運命にあるものとも見なされた。このイデオロギーを美しい悲恋物語にくるんで審美化した作品のひとつが、アメリカの海軍士官ピンカートンと日本人女性の悲劇を描いたアメリカ人作家ジョン・ルター・ロングの短編（一八九八）であり、それに基づいたプッチーニ作曲の歌劇「蝶々夫人」（一九〇四）（この命名自体、オリエンタリズム的である）である。したがってたとえ長野オリンピックで「蝶々夫人」を使ったとしても、そのよく知られているアリアが、白人が有色人におこなう性搾取のみならず、日本人が性的主体を標榜してアジアで繰り広げた――今でも繰り広げている――性搾取をも、自己言及的に提示するように演出されていれば、つまりこのアリアが価値転倒的なパ、ロ、デ、ィ、として使われて、グローバルに同時的に放映されれば、ネオコロニアルな資本すらも逆手にとったポストコロニアルな演出——模倣の攪乱行為——になっていただろう。

　性の客体化に戻れば、植民地主義をとる近代国家は、国境の外側に、その内側では容認されない〈おぞましい／魅惑的な〉セクシュアリティを生産するが、このことは国境の内側でセクシュアリティが規律化されるプロセスと無縁ではない。フランツ・ファノン（一九二五―六一）は「知識の増大が性的エネルギーの喪失を伴う」ので、「文明の進んだ白人は、性的放縦、ディオニュソス的饗宴、制裁を受けない強姦、禁止されない近親姦の時代に対して、不合理なノスタルジーを抱きつづけ……黒人のうちに自分の志向を投射して、あたかも黒人がその志向を現実に持っているかのごとく行動する」と述べた。ファノンが「知識の増大による性的エネルギーの喪失」とか「文明の進んだ」という表現で語っているものは、近代的に「啓蒙」された国民国家の性規範に他ならない。家庭内《ドメスティック》の規律的な性規範によって抑圧された男(主体)の欲望が、家庭外の奔放で危険なセクシュアリティの物語に「投射」されるように、国内《ドメスティック》の規律的な性体制によって抑圧された男の欲望は、国外(異人種、異民族)の「未開」で「無軌道」で「甘美」なセクシュアリティの物語に「投射」される。しかしこの二つの「投射」は、べつべつに存在しているのではなく、欲望の馴致《ドメスティケイション》が、馴致不可能《アンドメスティケイティッド》な「他者性」を、ドメスティックな領域のそとに波状的に生産する連動運動のなかに位置づけられるものである。逆に言えば、「性の過剰」をドメスティックな領域のそとに転移し、国境のそとの女をエロス化することによって、ドメスティックな領域のなか(国内／家庭内)を脱エロス化して、自国の家庭内《ドメスティック》の女から性衝動を奪い、彼女たちを性の客体にすることが可能になる。この点から見れば、近代国家内部の性搾取とコロニアルな性搾取が同時に進行したのは、けっして偶然の一致ではなく、フレドリック・ジェイムスンが宗主国の階級闘争と植民地支配を結びつけてモダニズムのハイカルチャーを論じたのと同様に(「モダニズムと帝国主義」一九九〇)、必然の成り行きだったと言えるだろう。

　したがってドメスティック・イデオロギーは、単に家庭の内外で女を二分することによって、フェミニズムのなかに内部分裂——前に述べたような参政権獲得やセクシュアリティの位置づけをめぐる内部分裂——を引き起こすのみならず、国の内外で女を二分することによって、「国民」であることと「女」であることのジレンマに、国内の女を立たせることになる。家庭という意味のドメスティック・イデオロギーでは、女は客体化されているが、国家という意味のドメスティック・イデオロギーでは、国内の女は、たとえ参政権を持っていなくても、有事においては広義の「国民」と考えられ、その意味では主体化されている。

「女としては客体」であり、「国民としては主体」であるというジレンマを抱えた国民国家のなかの女は、戦争時に「国を後方で守る女」として銃後の陣をつとめることを求められたり、あるいは自ら積極的に戦争に参加しようとする。ちなみに「全米女性参政権協会」(NAWSA)は第一次大戦で戦争支持を表明し、また「全米女性機構」(NOW)も、湾岸戦争時に女の兵士の参加を求めた。このような女に対する「国民」としての責務の要請や、女の側からのその自己証明は、国内の女を、最終的には自己を抑圧しているはずのドメスティック・イデオロギーに自ら加担するという、皮肉な立場に置くものとなる。しかしとりあえずの現象として、戦時中の女の功績が、戦後の参政権獲得を間接的に容易にしたり、戦後の女の社会進出を用意するものになったことも事実である。

たとえば、第二次大戦で兵役についた女は、合衆国の場合は三〇万人をこえ、また軍隊に入らなくても、国内の労働力補填として「重工業など、戦前までは女が排除されていた職」さえも与えられた(フェダマン『レズビアンの歴史』)。軍需工場で女が身につけたズボンが、戦後も女たちの服装の一部として定着して、服装面からジェンダー規範が揺らぎはじめるきっかけにもなった。とくにレズビアンたちのあいだでは、女の服装として半ば公認されたズボンは、対抗文化が芽生える六〇年代まで、自分たちを見分ける標章にもなった。さらにセクシュアリティに関しては、ラドクリフ・ホールの『孤独の泉』(一九二八)には、主人公のレズビアンが第一次大戦中に従軍看護の運転手となり、戦線で男並みの活躍をいきいきとこなし、そこで相愛の恋人にも出会って、社会的自覚と自信を持ちはじめる様子が描かれている。さらに、現在アメリカ軍の同性愛者に対する扱いが大きく問題になっているが、フェダマンによれば、第二次大戦中は軍隊はレズビアンを黙認していた。アイゼンハワー将軍が「陸軍女性部隊」（ＷＡＣ）のなかのレズビアンを洗いだすよう命令したとき、彼は命令相手の女性軍曹ジョニー・フェルプスから、そのリストに真先に載るのは彼女自身の名前だと告げられて、「この命令は忘れてくれ」と撤回したと報告されている。

このように戦時中になされた女の戦争協力は、ジェンダー規範やセクシュアリティ規範を攪乱する効果をもっていた。しかしその攪乱も、国民国家の体制を堅持するうえでの協力であり、したがって近代社会を基盤づけている性体制を根本的にくつがえすものではなかった。たとえばレズビアンを黙認した軍隊は、異性愛の男とのあいだに面倒を起こさない「都合のいい存在」として、レズビアンを〈利用〉していたわけであり、フェルプス自身も、アイゼンハワー将軍に「ＷＡＣ分隊では、これまで未婚者の妊娠や性病は皆無であり、将軍自身もこの分隊の素行の良さと忠実な職務の遂行を讃えておられたはず」と訴えている（同前。強調は引用者）。このような発言は、「未婚者の妊娠」がなぜ不当なのか、「性病」の伝染が性交渉の回避で阻止できるという考えははたして適切なのか（この考え方は一九八〇年代にエイズの表象に関して、逆の形で大きな問題を投げかけるものとなった）、「素行の良さ」とは何を意味するのか、「忠実な職務の遂行」が究極的に誰を守っているのかといった問題に蓋をしたまま、国民国家の性制度を補完する口当たりのいいリベラリズムに、女やレズビアンを賛同させるものである。

また湾岸戦争に女の兵士の参加を求めた根拠として、ベティ・フリーダンは「女の兵士は男の兵士より生命に対して敏感な関心をもっているので、将来の戦争における残虐性に対する対抗力になりえる」と主張したと言われている。だが希望的な未来の戦争放棄や、魔術的な平和の発現を楽観的に思いえがく母性主義や人間主義を口実にした戦争参与は、土佐弘之が述べているように、「結局の所、〔現在の〕軍事システムの中に回収されてしまう」ものであり（『グローバル／ジェンダー・ポリティックス』二〇〇〇）、軍事システムを正当化している「国家」安全保障の理念のなかで、家族主義《ファミリー・ヴァリューズ》を巧妙に復活させ、同時に、未来の平和という美名のもとに、現在の女の抑圧と女の分断を肯定することになりかねない。そしてこのことは、戦争という非常時においてだけでなく、日常的にも、女の職場進出による女の「主体化」が、女を、企業を支えている経済システムに参画させ、ひいてはネオコロニアルな搾取に加担させることにもなる。たとえその企業が一見して自国の経済システムを突き破った多国籍企業の様相を呈していたとしても、「グローバルな経済」は「地球をおおう《グローバル》資本主義」というにすぎず、国家という「糖衣」をかなぐり捨てた剝き出しの資本主義が、「資本」の内部と外部を分割しているにすぎない。

したがって、もしも女が、参政権獲得や職場進出といった国家や資本の内部で——それを成立させているドメスティック・イデオロギーに自己言及的な視点をもたずに——

自己の主体化を求めるならば、彼女は国家や資本の外部を「他者」として攻撃したり搾取することによって――なぜなら次の二つの節で述べるように、現体制における主体化はかならず「他者」を必要とするので――国家や資本の外部にいる女たちとのあいだに、まさにドメスティック・イデオロギーがおこなった分断をさらに深刻な形で踏襲することになる。またたとえそのような弊害を回避しようとして、女に「内在する」、あるいは女たちを「連帯させる」平和主義や母性主義の物語に頼ったとしても、今度は、男たちによってつくられた女の本質的気質という桎梏に、女が進んで身を投じることになる。なぜなら、平和的で母性的で魔術的な優しさや柔らかさや不可思議さこそ、ドメスティック・イデオロギーが女に配備した気質であるからだ。グローバル化とともに盛りかえしてきたエコフェミニズムも、「自然との共生」を普遍的な女性性に結びつけるならば、同じ陥穽におちいることになる。

　同じことが、国境や資本のそとの女たちが、植民地支配《コロニアリズム》やネオコロニアリズムの搾取に抵抗しようとして、宗主国のロジックによって破壊されるまえの前近代には女の活力や豊饒さや調和性が存在していたと主張する場合にも当てはまる。ネイティヴィズムの物語は、近代の国民国家が国境のそとに――〈過去〉を回復不能な状態にしたうえで――作りだした虚構であり、また近代の植民地化に対する「男」のナショナリスティックな抵抗が、性差別を温存したままで利用する「女の神話化」に結びつくものでもある。日本の場合は、〈西洋〉にとって他者であるという自意識と、アジアの近隣諸国に対する(ネオ)コロニアルな先進国意識という二律背反的な歴史が、屈曲したネイティヴィズムの感情を生み出し、西洋の男性的論理に対抗する日本の女性的感性という物語にくるんで、日本の神話性を政治的に象徴化して利用してきた。この文脈で長野オリンピックの開会式を考えれば、聖火の最終ランナーが身にまとった神話的な巫女の装束はきわめて政治的なメッセージを発するものであり、そのメッセージは、オリエンタリズムを逆手にとった(ネオ)コロニアルな自己主張を、「女の神話化」という性差別的な表徴で糊塗しようとしたものと解釈できる。

## 2　他者性の呪縛

国境の内外につくられる主体と他者の二分法は、主体‐他者の問題がつねにそうであるように、単純な二分法にはならない。植民地主義の文脈でこれを最初に指摘したのはフランツ・ファノンだが、彼の分析は、おもに白人男性と黒人男性にみられる主体‐他者のトリックである。国境の内側の男と外側の女、内側の女と外側の女の関係は、この主体‐他者の問題をさらに錯綜した形であらわしているので、最初に白人男性と黒人男性について検討する。

たとえば宗主国の男(白人)が植民地の男(黒人)にいだくコンプレックスは、シェイクスピアの戯曲『テンペスト』の登場人物の名をかりて、「プロスペロー・コンプレックス」とも呼ばれている。これは「植民地保護主義者の顔と、娘が劣等な人間によって強姦されると考える人種差別者の顔」の複合体を意味するが、いずれの場合も、植民地の男の性的力を恐れ、他者化しようとするものである。精神分析を歴史化したフーコーが指摘しているように、近代の性体制は性を抑圧しえたわけではなく、性を規律化することによって、逆に規律化されない「過剰な性」という物語を生み出した。規律＝言説の「まえ」に抑制できない過剰な性があったのではなく、規律＝言説によって、「前言説的な過剰な性」という物語が生産されたのである。前言説的な過剰な性を生産しつつ、それを禁止する主体化＝隷属化《サブジェクション》は、植民地主義の場合(フーコーは植民地主義についてとくに発言しなかった)、植民地の男を、「文明化した男性主体」になるまえの暴力的な性的力の具現として取り扱うことになる。宗主国の白人の男性主体は、自己の内部の抑圧すべき過剰な性を、植民地の男のなかに「発見」し、植民地の男を、かつて自分がそうだった過去、しかし自分自身はけっしてそこに立ち戻らない過去——他者——に位置づける。

しかしこの主体-他者の二分法は、単に植民地の男を「他者」にしておくものではない。むしろ植民地の男から「他者」であることすら奪い取るものである。精神分析を人種的に読みかえようとしたファノンが『黒い皮膚・白い仮面』で論じているように、「外なる他者」が「内なる他者」を投影したものであるかぎり、他者のカテゴリーを所有するのは主体のみである。なぜなら、他者というカテゴリーを持たずして、主体は主体であることができず、したがって他者性は主体が主体性を身にまとうための入場券として、またつねに隠し持っていなければならない身分証明《アイデンティフィケイション》として、主体が所持しているものである。ラカンの言葉を使えば、主体はつねにすでに「他者」であって、他者性にアクセスできるものは唯一、主体のみである。逆に言えば、主体性から放逐されている植民地の男は、他者性にもけっして近づくことはできない。ゆえに植民地の男の苦悩とは、他者化されることではなく、自己であることの不可能性――つまり「わたし」にも、「わたしでないもの」にもなれないこと――である。むろん自己であることの不可能性は、植民地の男の苦悩だけでなく、性の非対称性によってその不可能性をさらに厚く塗り込められている植民地の女の苦悩であり、スピヴァックが言う「サバルタンの苦悩」であり、さらに厳密には、あとで述べるように植民者の主体(帝国主体)の被傷性《ヴァルネラビリティ》でもある。

　植民地の男は、他者性を、その本来の意味において「所有」してはいない。しかし植民地の男は、帝国主体から、彼の他者を演じること(娘を強姦するかもしれぬほどの性的過剰さをもつ危険な人種であること)を要求されており、他方で、他者性そのものに同一化しないように防衛されてもいる(植民地政策によって去勢されている)。だが植民地の男が服従として他者性を「模倣」していることは、支配／服従の関係、ひいては支配者の主体位置を、被傷的《ヴァルネラブル》なものにする。ホミ・バーバが言うように、その模倣は、一方で「権威的な植民地主義の言説様式」であり、したがって植民地支配を支えるものでもあるが、同時に「不適切性／反占有性《インアプロプリエイト》の徴候でもあり、差異であり、反抗であり……「規範化された」知と規律的な権力に対して、内在的な脅威を差し向けるものでもある」(『文化の位置』一九九四)。植民地の男による他者性(＝服従)の模倣は、帝国主体の主体性(＝支配)の仮想性をあかるみに出す。すなわち「模倣の両義性(ほとんど同じだが、まったく同じではない)は、コロニアルな言説を単に断裂させるだけでなく、模倣の両義性を不確定性に変え、コロニアルな主体を「部分的な」存在にしてしまう」(同前)。「部分的」ということは、「不完全」かつ「仮想的《ヴァーチャル》」ということだとバーバは述べている。さらにこの他者による攪乱的な他者模倣は、植民地の男だけの事柄ではなく、植民地化されている者すべてに共通する事柄である。たとえばトリン・T・ミンハは、覇権的な権力を空洞化させる主たる戦略として、植民化されている女の語りの〈不適切性／反占有性《インアプロプリエイト》〉を指摘している。

しかし模倣の両義性が引き起こす置換《ズレ》は、たしかに覇権的なコロニアル権力を攪乱する効果をもってはいるが、植民地主義と性抑圧の二重構造を完全に解決するものではない。なぜなら、帝国主体が完全で真正な主体ではなく、他者性に依存した不連続な主体であり、自己参照的なものであり、仮想的なものであることが明らかにされたとしても、それが今度は、現在進行中のネオコロニアリズムのポストモダンな主体を正当化するものともなるからだ。なぜならそもそも他者性とは、主体を主体たらしめるために作られた構造的カテゴリーであり、他者性を所有できるのは唯一主体だけなので、植民地の人間がそれを模倣することでズラされた他者性──たとえば国境や言語を横断する雑種性《ハイブリディティ》──は、労働力の点からも、文化表象の点からも、認識の地平という点からも、新たな文脈(ネオコロニアリズムの文脈)のなかで、モーバイルな資本の帝国主体によって欲望され、所有され、奪取されることにもなる。

しかも置換された他者性を帝国主体が再占有することは、何もネオコロニアリズムだけの特徴ではない。人種上の他者性が帝国主体にとって〈本来の/所有しうる《プロパー》〉意味をもたなくなったとき、帝国主体がそれすらも取り込んで、逆に自分自身が置換された人種的他者になりたい、そのズレを所有したいと願う事例はたくさんある。たとえば合衆国における二〇世紀はじめのジャズであり、近代美術におけるアフリカニズムなどである。したがって、帝国主体を攪乱する他者の両義的な模倣性は、真正であるように見える帝国主体をつねに雑種化してきたのであり、そして帝国主体はその雑種性を新しい主体のなかに再占有し、それを真正化、制度化してきたとも言える。帝国主体はつねに「外なる他者」によって傷つけられ、しかしその被傷性を自家薬籠のものとして、帝国主体の拡大、(ネオ)コロニアルな権力の拡大に向かったと言えるだろう。

したがってわたしたちは、模倣の両義性が引き起こすズレそれ自体の両義性――すなわちそれが、覇権的な(ネオ)コロニアル権力を攪乱し空洞化して、権力布置を流動化させていく解放的な側面と、(ネオ)コロニアル権力を拡大し強固にして、抵抗の潜在力を剝落させる否定的な側面があること――を認識していなければならない。またさらにわたしたちは、帝国主体が自己のなかに取り込むことをもっとも恐れている他者性――それを再占有することは自らのカテゴリーを根本的に解体するかもしれないと恐れている他者性――は何かを考えてみる必要があるだろう。なぜなら、帝国主体が再占有することを恐れる他者性こそ、他者性の置換の両義的な危険性をより鮮明に浮かび上がらせ、ひいては、帝国主体による再占有からまぬがれる可能性を示唆してくれるものでもあるからだ。

帝国主体が「外なる他者」になりたい、なることによって「外なる他者」を再占有したいと願うことからもっとも遠い他者性、それは植民地の女という他者性ではないだろうか。ダイアナ・ファスが指摘しているように(『同一化論考』一九九五)、ファノンは白人の男と黒人の男の〈主体‐他者〉の関係を白人の女の強姦恐怖を媒介に考察したために、彼の思考は異性愛の枠組みのなかに限定されてしまった。ファノンはエディプス構造の普遍性に疑義を呈したが、彼がエディプス構造につけた制限は人種に関するものだけで（「エディプス・コンプレックスは黒人のなかではとうてい生まれそうにない」〔『黒い皮膚・白い仮面』〕）、エディプス構造の異性愛主義の限界を論じるまでにはいたらなかった。むしろ彼はこの点ではフロイトを踏襲して、黒人嫌悪は白人の性的逸脱に発するとみなし、同性愛を性的逸脱の最たる所業として退けた。バーバはファノンと異なって、ゲイやレズビアンの攪乱力を積極的に評価するが、その場合も、それがポストコロニアリズムと同様の視点を提供していると述べるだけで、性倒錯の言説と（ネオ）コロニアルな言説の内的関係にまで踏み込んではいない。だがもしも、白人の男が、植民地の女になることを望んだらどうなるだろう。いったいそのようなことが起こりうるだろうか。

しかしこのことに対しても、すでに白人の男はそれを実践しており——植民地の女になることを望んだことがあり——むしろ植民地においてこそ、本国では許されなかった同性愛の性実践がおこなわれていて、E・M・フォースターといいT・E・ロレンス（アラビアのロレンス）といいその例を挙げるのに事欠かないが、だからと言って本国の性規範を攪乱することにも、ましてや植民地言説を解体することにもならなかったという反論もあるだろう。たとえばファスはカジャ・シルバーマンを引用しながら、ロレンスは、「アラブの服装と慣習を借用して……アラブ人との禁じられた同性愛の自己同一化」をおこなったが、「この文化的扮装」によって、逆に「権力への意志——「アラブらしさ」を身につけることでアラブ人に勝ろうとする欲望、〈他者〉よりももっと本物の〈他者〉になろうとする野望――を隠蔽する」ことができたと述べている（『同一化論考』）。

　たしかにロレンスは、服装のジェンダー規範や人種規範が厳しかった時代に、西洋の基準では女と見紛うばかりのアラブの白衣に身を包み、アラブ人の男を愛し（著書『知恵の七柱』は最愛の恋人に捧げられている）、またトルコ兵の捕虜になったときに受けた強姦と拷問がのちに自分を魅了するようになったとも告白している。アラブで彼は、「アラブの女」になったと言えるだろう。しかも同時に彼は第一次大戦時に、中東方面のイギリス諜報員としての使命を果たし、本国と敵対していたトルコ軍の供給回路をたって、本国政府から大佐の称号を与えられている。だが彼の場合、帝国主体による他者性の占有は、統治権力の強化にはなっても、性を横断した他者性を帝国主体に取り込んで、帝国主体の性の可能性を拡大することには向かわなかった。アラブ体験後イギリスに帰ったロレンスは、まったく生気を失い、またアラブ人男性への追慕や拷問の魅惑について触れた『知恵の七柱』は、イギリス国内の性規範を組み替えるほどの影響力は及ぼさなかった。彼の場合、帝国主体が植民地の女になることは、性規範の面では、覇権的な権力の攪乱にも、それを取り込む権力の拡大編成にもつながらず、性的他者になろうとした彼の欲望は、一部を除いて最近までほとんど忘れ去られていた。映画『アラビアのロレンス』（一九六二）でも、アラブの少年への愛情は表現されても、彼の同性愛指向は言及されていない。

他方、「蝶々夫人《マダム・バタフライ》」を下敷きに、性の変換を帝国主体に要求した戯曲『Mバタフライ』の舞台は現代である(初演一九八八、映画版は一九九三、以下で分析するのは戯曲版)。中国在住のフランス大使館員ガリマールは、京劇の女装俳優ソンを本物の女と思い、二〇年間愛しあうが、劇の終末近くでソンが「男」であったことを知って動転し、ソンを拒否する。ここまでだと、ガリマール(帝国主体)は、あくまで異性愛の枠組みにとどまったままである。だが最後の場(三幕三場)の監房の場面で、ガリマールはキモノを手に取り、「ここにあるのはわたしが持っている東洋の幻……その幻はわたしの命となった……そしてとうとうわたしが鏡のなかを覗き込むと、そこに見るのは、まぎれもない女。わたしは今、幻を持っている、東洋の幻を」と呟く。

諜報員ロレンスがアラブに味方することによって本国の国益に寄与したとすれば、ガリマールは情報を諜報員ソンに漏らすことによって、ベトナム戦争前後の微妙な時期に、元植民地に対するフランスの権限を削ぐはたらきをしてしまった。たとえ意識的には自分を男と思っていても、結局ずっと求めていたものは「東洋の女になる」ことだったガリマールがおこなっていたことは、帝国のコロニアル権力を低下させたことであり、またガリマールの最後の台詞 ——「わたしの名前はルネ・ガリマール —— またの名を蝶々夫人《マダム・バタフライ》」—— は、国境を横断して、性を攪乱させるものでもある。たしかに、その直後ナイフで自害する彼／女の物語は悲劇であり、東洋の女になったガリマールのその後は描かれることはない。その意味ではロレンスと同じように、本国の性規範を組み替えるまでには至らなかった。

しかし最後に登場するソンが、男の恰好で煙草をふかしながら問いかける台詞「バタフライ？　バタフライ？」は、〈帝国主体‐植民地の他者〉の図式を起動させてきた異性愛の欲望の幻想が、もはや帝国主体によって再占有されえないほどに破砕されたことを言説のなかで示している。つまりこの物語は、模倣によって置換される他者性が、帝国主体によって取り込まれて（たとえば同性愛やオリエンタリズムが商品化されて）、コロニアル権力のなかに再編成されていくのではなく、帝国主体の内部に「間隙《イン・ビトウインネス》」を生みだし、定式を失った欲望が「帝国主体」を混乱させていく様子を、言語の重層的で自家撞着的な意味づけを前景化させることで語っている。最後の台詞が示しているように、ガリマールはいまや、本国の人間（フランス名ルネ・ガリマール）であると同時に植民地の人間（蝶々夫人）であり、男（男性名ルネ）であると同時に女（夫人）であり、結婚が無効であると同時に結婚している（夫人と呼ばれている）人間である。その意味で、ムッシュ（男）、マダム（既婚の女）、マドモアゼル（未婚の女）、バタフライ（東洋）のすべてを包含する「Mバタフライ」のタイトルはきわめて暗示的である。しかもここで留意しておきたいことは、ガリマールが、男でも女でもなく、本国の人間でも植民地の人間でもなく……ではなくて、それら双方であるということだ。つまり彼は、（悪い意味での）ポストモダンな浮遊する根無し草ではなく、集合的で個人的な歴史の重層性を引き受けることで、それらの歴史の仮想性と亀裂を可視化しているのであり、またそうすることで、それらを暴力的に占有して「帝国主体」のなかに還元していく〈欲望の公式〉の崩壊に立ち会っている。帝国主体は、もはや「帝国」主体でも、帝国「主体」でもなく、踊り子たちを従え、衣装とカツラを身にまとって演じる演技者《パフォーマー》であり、自分自身の物語（それは他者の物語でもある）をつぶやきつつ、その物語になっていくパフォーマティヴな行為体《エイジェンシー》である。

おそらくこの物語は、次の二つのことをわたしたちに告げているのではないか。一つは、コロニアリズムであれ、ネオコロニアリズムであれ、帝国主体の解体が可能になるのは、異性愛にまで遡った主体‐他者の〈欲望の公式〉の解体においてであること——「内なる植民地」の解体においてであること。二つ目は、他者性が非還元的な事実ではなく模倣的な仮想であるならば、他者性の攪乱はまず、そして第一義的に、広義の言語の次元でおこなわれるということ——表象においておこなわれること——である。そしてこの二つのコーダはどちらも、現在フェミニズムがそれらに対してどのような視点をとるかを求められている事柄だと思われる。

## 3　グローバル化とフェミニズム

グローバル化というタイトルにもかかわらず、これまで書いてきたことはおもにコロニアリズムやせいぜいがネオコロニアリズムの体制の考察で、近年話題になっているグローバル化については述べられていないではないか、という批判があるだろう。グローバル化というのは新しい概念で、『オックスフォード英語辞典』(第二版)によると、最初に登場したのは一九五九年『エコノミスト』誌上で、頻繁に使われるようになったのは冷戦終結後、それも九〇年代半ば以降のことである。たしかにグローバル化は、共産主義の政治経済機構が解体したり軌道修正されて、名実ともに地球規模の資本主義が跋扈しはじめ、またＩＴ革命によって地球上の時空間が新しい様相を呈するようになって、顕在化してきたものである。だが現在進行しているグローバルな世界システムは、北側、とくに英語圏、なかでもアメリカ合衆国主導の資本主義を基盤にした経済・情報システムであることを考えると、フェミニズムがグローバル化を取り扱うに当たって、(ネオ)コロニアリズムおよびそれを推進してきた家父長制資本主義(ドメスティック・イデオロギー)に対する批判なくして、その可能性と問題点を探ることはできないだろう。『文化と帝国主義』(一九九三)のなかでサイードが述べているように、「電気通信、グローバルな貿易、グローバルな資源活用、グローバルな旅行、グローバルな天候配置や環境変化が、世界のもっとも遠隔の一画すらも巻き込むパターン……現在の完全にグローバル化した世界……を最初に確立し、可能にしたものこそ、近代の帝国」である。しかしそれでも、コロニアリズムあるいはネオコロニアリズムとグローバル化のあいだに違いがあるとすれば、それは何だろう。そしてその違いに対してフェミニズムはどのように対処できるのか。またそのさいのフェミニズムのグローバル化をどう捉えればよいのだろうか。前節の最後に提起した二つのコーダのなかで、このことを考察しよう。

最初のコーダは、コロニアリズムであれ、ネオコロニアリズムであれ、主体‐他者の〈欲望の公式〉の解体なくして、帝国主体の解体は不可能だということだった。帝国主体が他者模倣によるズレさえも再占有して、（ネオ）コロニアルな権力を拡大強化させているかぎり、彼は、自分を支えている〈欲望の公式〉を解体させる危険性がある他者をもっとも恐れている。そして帝国主体がそれになることをもっとも恐れる他者は、（ネオ）コロニアリズムの基底にある性差別によって抑圧されている植民地の女である。植民地の女――そのなかでもさらに抑圧されている下層階級の女――は、主体がそれにアクセスすることを拒絶している、あるいはアクセスできないと思い込んでいる根源的他者――「大文字の〈他者〉」――である。

なぜなら前節で述べたように、主体は他者を（否定されるべき自己として）所有しなれば主体たりえないので、根源的他者は主体を根本的に決定づけているもの、(ネオ)コロニアリズムの文脈においては、彼を帝国主体として決定的に位置づけているものである。だからこそ、根源的他者(大文字の〈他者〉)は、主体が接近することが可能な「小文字の他者」――主体が出会える想像的形象としての他者――ではなく、どのような場合においても、主体がそれに直接アクセスすることができないもの、もしもそうした場合、主体は死の快楽のなかでそれに吸い込まれていくものである。『Mバタフライ』のガリマールの死が象徴的に示しているように、そのとき帝国主体は「帝国」主体でも、帝国「主体」でもなくなる。したがって帝国主体は、植民地の女を根源的他者にしておくために、彼女を、言語的アクセスが不可能な領域(現実界)に放逐しなければならない。換言すれば、植民地の女を根源的他者にしておくために帝国主体がとった戦術は、植民地の女とのあいだに言語回路を絶つことである。

スピヴァックは「サバルタンは語ることができるか」という論文のなかで、サバルタン(植民地の女)は語ることができないと述べ、のちに、もっと正確に言えば、サバルタンは語ることができないのではなく、「彼女が一生懸命に語ろうとしているのに、聞き取ってもらえない」と訂正した(「サバルタン・トーク」一九九六)。それはまさに、帝国主体がサバルタンの女(根源的他者)にアクセスして帝国主体の地位を失うことを恐れ、彼女との言語回路を絶ったことを意味する。帝国主体は、植民地の女から言語を奪った、あるいは彼女の言語を聞き取ろうとはしない。彼女は、自分を表象する《レプリゼント》ことも、自分が表象されることもなく、帝国主体の表象領域、すなわち言語領域に——すくなくとも正当に——入ることは許されない。彼女は他者として、いわんや主体として、「応答する《リスポンド》」することも、主体から「応答される」ことも許されてはいないのである。

だがグローバル化は、植民地の根源的他者に、帝国主体の言語領域に入る機会を与えるものである——たとえばグローバルな労働力の移動という面において。植民地の人々を植民地の深奥に置いたままでなされる(ネオ)コロニアルな搾取の場合は、理念的な意味でも、現実的な意味でも、根源的他者が帝国主体の言語領域に参入して、(ネオ)コロニアル権力を攪乱することはむずかしい。しかし、たとえその目的がネオコロニアルな搾取であっても、「南」から「北」への労働力の移動は、「聞き取られなかった」根源的他者に、聞き取られる機会を与える。すなわち彼女たちの他者性の模倣が生みだす置換が、表象可能領域に参入することによって、帝国主体を攪乱する可能性をもつ。そしてこの点において、前節の第一のコーダはグローバル化のなかで、第二のコーダ——他者性の攪乱はまず、そして第一義的に、表象の次元でおこなわれる——に結びつく。

むろん、ことはそう簡単ではない。なぜなら第一に、もしも「北」の内部で——地理的にも文化的にも——「南」の住人の囲い込みが起これば、帝国主体と根源的他者との言語回路は作られないからだ(じつはこれはグローバル化の時代だけの問題ではなく、たとえば日本における在日韓国・朝鮮人の居住区についても、同様の囲い込みがはたらいてきた)。第二に、もしも「北」のなかで、植民地の女が、根源的他者(大文字の〈他者〉)から小文字の他者に——すなわち安全化され、再占有できうる他者に——変質した場合、グローバル化はネオコロニアルな権力を発動させることになる。そのとき彼女は、帝国主体がそれになることを脅える〈他者〉ではなく、それを所有しうる他者に変質する。すなわち彼女は、帝国主体の異性愛の男の位置を脅かさない女——帝国主体の「妻」や娼婦——となって、資本主義的家父長制に取り込まれていく。娼婦の方はネオコロニアルな性搾取の対象として、グローバル化の弊害が指摘されることが多いが、植民地の女が帝国主体の「妻」になる場合も、もしも彼女が近代の抑圧的な性規範を温存したかたちで「妻」になれば、彼女は、帝国主体の「欲望の公式」を解体できないだけでなく、それを強化することにもなる。また「南」の女を、看護婦やメイドや老人介護などの職種で「雇用する」ことも、(間接的ではあるが)同様の弊害として捉えることができる。なぜならその場合、第Ｉ部で述べたように、ドメスティック・イデオロギーによって女の本質的気質と解釈されてきた「ケア」の領域に、「南」の女を同一化させることになってしまうからだ。さらにこれは、南アフリカ共和国とイギリスのあいだで現在問題になっているように、「南」にとって必要な労働力を「北」が「南」を女性化することによって吸い上げる弊害も呼び起こしている。

以上のように、たとえ帝国主体と根源的他者が言語を共有しているように見えてはいても、「北」の言語を「南」に押しつけるかぎり、根源的他者（大文字の〈他者〉）を、帝国の内部で馴致可能《ドメスティカブル》な「小文字の他者」に変形しているにすぎない。すなわちドメスティックな領域（家庭や国家）の内部に根源的他者を導き入れて、その攪乱的な潜勢力を剝落させているにすぎない。まさにスピヴァックが警告しているように、「サバルタンは語ることができたとき、サバルタンでなくなる」ということになる。

むろんこの危険性は、「南」の女が労働力として「北」に移動することだけで起こることではない。たとえサバルタンの女が「移動」しなくても、象徴的な意味で「南」の女が「北」の言語システムに取り込まれるときには、同様のグローバル化による植民地化が発生する。スピヴァックは今年発表した論文のなかで、サバルタンの定義をさらに書き直す必要を述べている。

それ〔サバルタン〕は、移動の通常の軌道から切断されているにもかかわらず、あるいはむしろそのために、グローバルなテレコミュニケーションから直接の影響を受ける集団である。土着の知の亡霊化〔幻影化〕、遠隔地集団のＤＮＡ親子調査のデータベース化、最貧困女性への信用買いの誘惑。

（「ハヴァーストック・ヒルのアパートから合衆国の教室へ」二〇〇〇）

だがグローバル化は、一方でこのように資本主義の――ということは資本主義的家父長制の――〈欲望の公式〉をグローバルなレベルにまで拡張するものであるが、他方でその手段として、きわめて個別的でゲリラ的なメディアを発達させもした。グローバルという単語が使われだした当初の一九六〇年にマクルーハンは、テレビ放送などの科学技術《テクノロジー》をつかった国際的なコミュニケーションによって、世界中の人びとが同時に同じ体験ができる「グローバル・ヴィレッジ」の概念を提示した。現在でもこの概念は、たとえばCNNによる湾岸戦争のリアルタイム放映とか、各種スポーツ中継で機能している（しかしスピヴァックは「グローバル・ヴィレッジ」を、新帝国主義による市民化（近代化／民主化）だと批判している）。だが近年のグローバル化を（ネオ）コロニアリズムと大きく変えているのは、双方向の情報技術《インフォメーション・テクノロジー》（IT）の発達である。そしてグローバルな資本主義の「手段」でもあり、「価値」でもある双方向の情報技術は、マクロではなくて、ミクロな場所からの発信をその特徴としている。

　ミクロな場所から――一義的には支配システムのフィルターを通さずに――遠隔のミクロな場所へ、あるいは広くグローバルに、発信される情報は、発信者と受信者の双方に、アンソニー・ギデンズが言うような、支配システムからの「脱埋め込み」や、主体‐他者関係に対する「自己参照性」を与えるかもしれない（『近代とはいかなる時代か？』一九九〇)。たとえば女あるいは同性愛者が、それまで出会うことのなかった女や同性愛者に、インターネットのうえで出会うことができ、エンパワーされる場合もあるだろう。クローゼットにいた男がアクセス可能な他者を発見することによって、自己の内部で植民地化していた根源的他者に自己参照的にアクセスし、自分自身の〈欲望の公式〉から脱埋め込みできるようになるかもしれない。また経済的・政治的権力を持たない女たちが、インターネットを介して連帯したり、表象権力を奪取することができるかもしれない。たとえば「すべての地域の女たちのあいだの対話と団結を促す」ために「女性運動の国際アンソロジー」を発行することを一九六九年に着想し、一五年の歳月をかけて編集して、一九八四年に『シスターフッドはグローバル』を上梓したロビン・モーガンは(日本の欄は樋口恵子が執筆)、一九九六年に出した版につけた序文の末尾で、これからは「インターネットのオンラインで入手可能になるようにしたい。そうすれば印刷物では不可能な暫時的な更新がなされる女性のグローバルなサイバースペース・データバンクができるだろう」(強調は引用者)と述べている。

またグローバル化がもたらす〈欲望の公式〉の置換や、性抑圧の権力地勢の変容は、なにもITのみによって起こるものではない。一九七五年にメキシコシティで開かれた「国際女性年」(IWY)、一九八〇年のコペンハーゲン、八五年のナイロビ、九五年の北京に引き継がれてきた国連女性会議、二〇〇〇年のニューヨーク会議、また八〇年、八五年、九〇年の会議の前後で開かれた「ＮＧＯフォーラム」（非政府団体会議）や、それらに触発されて活性化してきたグローバルな規模の女のＮＧＯ活動は、国境を越えることによって、ドメスティック・イデオロギーを現実的に相対化し、国内および（ネオ）コロニアリズムの文脈でなされている性抑圧や性暴力を、個別的に、そしてグローバルに可視化する契機を与えてきたことは確かである。

だが一九八〇年のコペンハーゲン大会で女性性器切除をめぐって、イスラム圏の女たちから西洋フェミニズムに熾烈な問題提起がなされるなど、各会議での「成果文書」作成ではつねに議論が沸騰し、また今年六月のニューヨーク大会ではＮＧＯが本会議と分離されたように、楽観的な「グローバル・シスターフッド〔女の連帯〕」の青写真は、逆に抑圧を生むことが明らかになった。これについてはすでにモーガンの著作に対して、チャンドラ・Ｔ・モハンティが「彼女〔モーガン〕の普遍的シスターフッドの概念は、現在の帝国主義の歴史や影響を抹消するものだ」と激しく抗議している（「フェミニストの出会い」一九九二）。

さらに問題は、旧来のシステム内部では出会うことが不可能な他者にインターネットでアクセスできることは、〈欲望の公式〉を液状化させるのではなく、逆に強化することにもなるということだ。性差別を温存したままで流通するグローバルな資本と情報は、「貧しい」国の児童や女の性を商品化・植民地化するサイバー・ポルノの跳梁《ちょうりょう》を招いている。また逆に同性愛嫌悪の勢力は、児童虐待禁止の名を借りたゲイ・サイトの規制や、誹謗《ひぼう》を目的としたサイバー・アウティングをおこなってもいる。第Ⅰ部で指摘したポルノに対するフェミニズムやクィア理論の二律背反的な姿勢は、サイバー・ポルノの段階になって、さらに複雑化した。このようにグローバル化は「手段」においては支配システムのフィルターを通していなくても、「価値」においてはその偏向をなおも持続して被っている場合が多い。そして何よりもグローバル化が抱える大きな問題は、経済地理の面においても、情報面においても、グローバル化の恩恵を最大限に受けられるのは、少なくとも現在においては、比喩的な意味での「北側」の人々、そのなかでも英語の運用能力のある人々に限られるという未曾有の資本主義による「言語帝国主義」が発生していることである。そしてこのことは、帝国主体のみならず、フェミニズムのなかにも表象に関して大きな課題を生じさせている。

スピヴァックは自分も含めた「新しい「会議文化」の移動主体」が出現していることに警鐘を発している。冷戦終結後、西にも東にも属さない新世界秩序を模索しようとする「新移民知識人」たちは、「資本の国外投資や自由貿易の恩恵を受けたカルチュラル・スタディーズ、リベラル・マルチカルチュラリズム、ポストフォード超国家資本主義を仲間に」、「雑種主義《ハイブリディズム》」や「ポストナショナリズム」などの言葉を操って、肝心の「南」の地の運動家／研究者には語りかけず、「金融資本化された女のディアスポラ」として、カイロや北京や女性世界銀行といったエリート女性の国際会議で演説していると、スピヴァックは戯画化する（『ポストコロニアル理性批判』一九九九。以下同書による）。

　この問題は、スピヴァックによれば、植民地の女が、ポストコロニアリズムの分析対象であった「第三世界の女」から、グローバル化の対象かつ媒介者となる「南から来た女」へと変化したことと軌を一にしている。ポストコロニアル研究では、彼女たちは「宗主国のラディカルな理論言説の特権的なフィールド」だったが、グローバル化研究（すでにこのような命名すら登場した）においては、「グローバル化する超国家資本に気に入られる〈手段としての行為者〉」に変質した。その例としてスピヴァックは、たとえば「開発における女性」（WID）が「ジェンダーと開発」（GAD）に変わったことを挙げている。「開発における女性」が提示する視点は、「開発」という名を借りた（旧）宗主国や国連による経済的支配は（旧）植民地に深刻な性差別を新たに発生させているというものだが、「ジェンダーと開発」は、それを北側からだけの問題意識としてではなく、南のフェミニストたちの内発的な問題意識として、かつジェンダーという広範囲の見地から捉えようと試みるものである。だがスピヴァックは、このような変化さえ、地球規模の金融化に後押しされて出現したと批判する。たしかに「第三世界の女」も「南から来た女」も、〈北〉のフィルターを通した〈代表／表象《レプリゼンテイション》カテゴリー〉なので、（ネオ）コロニアルな性抑圧を十分には批判できず、それに加担する場合すら生じることになるだろう。それでは、「〈南〉の著名な代弁者《スポークスウーマン》を介して」代表《レプリゼント》／表象される「〈北〉主導の国際的なNGO」ではない方法で、フェミニズムはグローバル化をどのように考えることができるだろうか。

グローバル化を扱うフェミニズムのアポーリアは、〈北〉主導のNGOやエリート「会議文化」を批判するスピヴァック自身が自己批判を込めて語っているように、〈北〉のみならず〈南〉のフェミニストも、表象領域に入ることで根源的他者(サバルタン)ではなくなり、帝国主体に何らかの形で絡めとられることになるということである。しかしこのアポーリア自体も、じつは矛盾を含んだものである。なぜなら根源的他者は、そもそも非還元的に実在する本質ではなく、帝国主体によって根源的他者とみなされたものにすぎないからだ。だから(ネオ)コロニアリズムの言語のまえに二つの異なるカテゴリー——帝国主体とサバルタンの女——が、事実として存在しているわけではない。帝国主体と同様に、サバルタンの女も言語的構築物であって、(ネオ)コロニアリズムの言説によって、この二つの範疇が作りだされている。したがって植民地の女は、(ネオ)コロニアリズムと性差別によって二重に抑圧されているが、抑圧される以前の状況を、解放の基盤となる実体的な他者性のカテゴリーとして取り出すことはできない。しかも引き続いてなされているグローバルな資本主義による帝国支配は、〈北〉と〈南〉の双方の女の内部に、人種・民族の内的差異や階級や宗教や教育や地域等々において——すでに、しかも引き続いて——分断を発生させている。ジェンダーは、「これらのさまざまな差異化軸の言説と複雑に交錯し、そういった政治的・文化的な交錯から「ジェンダー」だけを分離する」（バトラー）ことは——フェミニズムの対象としてだけではなく、フェミニスト自身の位置《ポジショナリティ》としても——とうてい不可能なことである。

だから「女」や「サバルタン」というカテゴリーは、それを搾取する性差別や（ネオ）コロニアリズムの構築性を弾劾するときの〈非難のレトリック〉としては使えても、何をわたしたちは求めるのか、わたしは誰なのかを問いかけるときの〈テロスのレトリック〉や〈アイデンティティの基盤〉となるものではない。ではフェミニズムは限りなく分裂し個別化し、あるいは懐疑的になり、そうしてその結果、フェミニズムは、わたしたちが投企されている現在の複雑な性体制の地勢のなかで、社会構築という名の「決定論」を取るか、自己責任・自己決定という名の世界資本の「ジャングルの掟」を取るかの二者択一を迫られ、新帝国主義のグローバルな投網のなかで窒息していくのか。それとも、「グローバルな統合化と、外見上の文化の断片化」（ベンハビブ「性差と集団的アイデンティティ」一九九八）が同時発生している政治・文化の文脈のなかで、性抑圧を解消していない——むしろさらに隠微にそれを推し進めている——新帝国主義に、民族主義や分離主義に逆戻りしないで、フェミニズムが批判的に介入していくことができるとすれば、それはどのようになされるのか。

残念なことに、現在わたしたちが直面している状況を(「わたしたち」という表現すらも、いくつもの留保をつけなければならないが)、グローバルな帝国主体に再占有されることなく、一刀両断のもとに打開していく特権的なフェミニズム理論はない。しかし人間を男と女に分割し、それぞれを一様にカテゴリー化して抑圧する性体制に対して異議申し立てをしてきたのがフェミニズムならば、フェミニズムが単一の解放理念を持ちうるということ自体、語義矛盾である。

おそらくフェミニズムは、フェミニズムという批評枠――「フェミニズム」という大きな物語――の幻想性を、フェミニズムの文脈のなかで訴えていかなければならないのだろう。ポストモダンの理論は、一方で「浮遊する主体」という非政治的な弊害を生みだしつつ、他方で主体‐他者の〈欲望の公式〉を自己参照的に炙りだした。それと同様に、もしもサイードが言うように、現代のグローバルな状況が「重なりあう領土、絡まりあう歴史」であるならば、グローバルな状況は、獰猛《どうもう》な資本支配による限りない細分化と再占有化をつうじて抵抗地点の不分明化を生みだしているが、他方で、帝国主体のみならず根源的他者の非実体性を、その資本の行為そのものが要請していると同時に、浮かび上がらせているものでもある。フェミニズムは、「女」に位置づけられている者が、女に対してなされる暴力を言挙げしつつ、それによって「女」という名前を、ジェンダーにおいても、セクシュアリティにおいても、セックスにおいても返上しようとしてきた軌跡である。フェミニズムがそのような目的――すなわちテロスなきテロス――を達成するために、グローバル化が何か益するものを提供するとすれば――あるいは、否応なく進展しているグローバル化のなかで、フェミニズムがそれに絡めとられないで挑戦していく道があるとすれば――おそらくそれは、均質化に向けて疾走する資本が逆説的に遭遇する、その多層的な地勢と歴史の交錯が生みだす抵抗の現在性《アクチュアリティ》と自己参照性――内主体的な応答の現在性――ではないだろうか（内主体的な応答の現在性については、拙論「アイデンティティの倫理」（『愛について』第四章として所収）を参照してほしい）。

「グローバル化」という一見してマクロな権力地勢は、上意下達的な統治権力ではなく、ローカルな場所とパーソナルな瞬間を、距離と時間を圧縮・変形させて結びつけているミクロな権力関係の動態である。したがって個人のなかに刻印されている「身体」や「慣習」の性的意味づけの歴史的、領土的な重層性と交錯は、グローバル化の段階にいたって、権力の個々の発生地点でさらに個別的に現実化し、さらに自己参照的に立ち現れることになる。フェミニズムの表象《レプリゼンテイション》／代表の問題は、フェミニズム「を」表象／代表する問題ではなく、表象／代表権力にフェミニズムがどう対峙するかという問題である。それだからなおさらにグローバル化は、まさにわたしたちがつねにすでにその内部にいる表象／代表権力に、ローカルにパーソナルに再‐介入することを促すという意味で、フェミニズムに対して、権力に再占有される危険性を増大させるとともに、フェミニズム自身の統合化を回避しつつ、個別的な抵抗地点での批判的な再‐介入の可能性を与えるものでもある。グローバル化がまえの時代よりもさらに一層進展している現在、フェミニズムは、〈表象／代表〉の再占有と、創造的で批判的な分裂と個別化のあいだの、可能性に満ちた——しかしだからこそ非常に危うい——隘路《あいろ》を、理論においても、実践においても、政策においても（そしてこれらを狭く領域化することなく）、進んでいかなければならないだろう。

## Ⅲ　基本文献案内

フェミニズムの「基本」文献は膨大なものなので、英語圏の近年の動向を示す主な文献のみを挙げることにする。ここ一〇年余りのフェミニズムは、〈女のなかの差異〉の主張と、〈女という差異〉に対する問題提起に向かったと言えるだろう。なお便宜上、以下の四つのカテゴリーに分けたが、各著作・論文は複数のカテゴリーにまたがっている場合が多い。

たとえば人種・民族の視点から、チカノとセクシュアリティの軸を入れたGloria Anzaldúa, *Borderlands/La Frontera* (Aunt Lute Book, 1987), ブラック・フェミニストとしては、ベル・フックスの『ブラック・フェミニストの主張』(原著一九八四年、清水久美訳、勁草書房、一九九七年)や*Yearning* (Turnaround, 1991), Audre Lorde, *Sister Outsider* (Crossing P, 1984), アリス・ウォーカー『母の庭をさがして』(原著一九八四年、荒このみ訳、東京書籍、一九九二年)、トニ・モリスン『白さと想像力』(原著一九九二年、大社淑子訳、朝日新聞社、一九九四年)、エレイン・ショウォールター編『新フェミニズム批評』(原著一九八六年、青山誠子訳、岩波書店、一九九〇年〔岩波モダンクラシックス、一九九九年〕)のバーバラ・スミスの論文等(なおこの撰集は、他のトピックについても充実している)等。

ポストコロニアリズムの見地から、チャンドラ・T・モハンティ「フェミニズム研究と植民地主義言説――西洋の目」(ホーン川嶋瑶子訳『日米女性ジャーナル』15、一九八八年)、トリン・T・ミンハ『女性・ネイティヴ・他者』(原著一九八九年、竹村和子訳、岩波書店、一九九五年〔岩波人文書セレクション、二〇一一年〕)、『月が赤く満ちる時』(原著一九九一年、小林富久子訳、みすず書房、一九九六年)、サーラ・スレーリ「肌の皮一重のフェミニズム」(原著一九九二年、大島かおり訳、『みすず』386号)、レイ・チョウ『プリミティヴへの情熱』(原著一九九五年、本橋哲也・吉原ゆかり訳、青土社、一九九九年)、ガヤトリ・C・スピヴァックの『文化としての他者』(原著一九八七年、鈴木聡ほか訳、紀伊國屋書店、一九九〇年〔復刻版、二〇〇〇年〕)、『サバルタンは語ることができるか』(原著一九八八年、上村忠男訳、みすず書房、一九九八年〔みすずライブラリー、一九九八年〕)、『ポスト植民地主義の思想』(原著一九九〇年、清水和子・崎谷若菜訳、彩流社、一九九二年)、*Outside in the Teaching Machine* (Routledge, 1993),「サバルタン・トーク」(原著一九九六年、吉原ゆかり訳、『現代思想』99-07号)、*A Critique of Postcolonial Reason* (Harvard UP, 1999), "From Haverstock Hill Flat to U. S. Classroom, *What's Left of Theory,*" in J. Butler, et al. eds., *What's Left of Theory* (Routledge, 2000) 等。

セクシュアリティの面からは、ジュディス・バトラーの『ジェンダー・トラブル』(原著一九九〇年、竹村和子訳、青土社、一九九九年〔新装版、二〇一八年〕)、*Bodies That Matter* (Routledge, 1993)〔『問題＝物質《マター》となる身体』佐藤嘉幸監訳、竹村和子・越智博美訳、以文社、二〇二一年〕, *The Psychic Life of Power* (Stanford UP, 1997)〔『権力の心的な生』佐藤嘉幸・清水知子訳、月曜社、二〇一二年、新装版、二〇一九年〕, イヴ・K・セジウィックの『クローゼットの認識論』(原著一九九〇年、外岡尚美訳、青土社、一九九九年〔新装版、二〇一八年〕)、*Between Men* (Columbia UP, 1985)〔『男同士の絆』上原早苗・亀澤美由紀訳、名古屋大学出版会、二〇〇一年〕, *Tendencies* (Duke UP, 1993), Teresa de Lauretis, *The Practice of Love* (Indiana UP, 1994), Elizabeth Grosz, *Volatile Bodies* (Indiana UP, 1994), *Space, Time, & Perversion* (Routledge, 1995), Diana Fuss, ed., *Inside/Out* (Routledge, 1991), 雑誌の特集では、*differences* 3-2 の "Queer Theory"、同誌 6-2・3 の "More Gender Trouble" 等。

とくに九〇年前後以降、多文化主義とカルチュラル・スタディーズの進展にともなって、差異と民主主義をどう調停するかという「政治」や「倫理」の問題にフェミニストたちが積極的に発言するようになった。Diana Fuss, *Essentially Speaking* (Routledge,

1989), *Identification Papers* (Routledge, 1995), Naomi Schor & Elizabeth Weed, eds., *The Essential Difference* (Indiana UP, 1994), J. Scott & J. Butler, eds., *Feminists Theorize the Political* (Routledge, 1992), S. Benhabib & Drucilla Cornell, eds., *Feminism as Critique* (Polity P, 1987), Nancy Frazer, *Unruly Practices* (Polity P, 1989), *Justice Interruptus* (Routledge, 1997)〔『中断された正義』仲正昌樹監訳、ギブソン松井佳子ほか訳、御茶ノ水書房、二〇〇三年〕, Iris Marion Young, *Justice and the Politics of Difference* (Princeton UP, 1990)〔『正義と差異の政治』飯田文雄ほか監訳、法政大学出版局、二〇二〇年〕, *Intersecting Voices* (Princeton UP, 1997), セイラ・ベンハビブ「性差と集団的アイデンティティ」(原著一九九八年、長妻由里子訳、『思想』913号)、*Situating the Self* (Polity P, 1992), ベンハビブ、バトラー、コーネル、フレイザーの論争を集めた *Feminist Contentions* (Routledge, 1995), ハンナ・アーレントの再読はボニー・ホーニッグ編『ハンナ・アーレントとフェミニズム——フェミニストはアーレントをどう理解したか』(原著一九九五年、岡野八代・志水紀代子訳、未來社、二〇〇一年)、Joan Scott, *Only Paradoxes* (Harvard UP, 1996), バトラー『触発する言葉』(原著一九九七年、岩波書店、二〇〇四年〔岩波人文書セレクション、二〇一五年〕)、バトラー、エルネスト・ラクラウ、スラヴォイ・ジジェク共著『偶発性・ヘゲモニー・普遍性』(原著二〇〇〇年、竹村和子・村山敏勝訳、青土社、二〇〇二年〔新装版、二〇一九年〕)等。

なお本文中で引用した主要文献のうち、上に挙げなかったものの出版情報は以下のとおり。

Bhabha, Homi. *The Location of Culture*. Routledge, 1994〔『文化の場所』法政大学出版局、二〇〇五年〕.

ブルデュー、ピエール『ディスタンクシオン』(1979)：石井洋二郎訳、藤原書店、一九九〇年〔普及版、二〇二〇年〕。

Bourdieu, Pierre & Loic J. J. Wacquant. *An Invitation to Reflective Sociology*. Polity, 1992.

シクスー、エレーヌ『メデューサの笑い』(1976)：松本伊瑳子・国領苑子・藤倉恵子訳、紀伊國屋書店、一九九三年。

土佐弘之『グローバル／ジェンダー・ポリティクス』世界思想社、二〇〇〇年。

Faderman, Lillian. *Surpassing the Love of Men*. William Morrow, 1981.

フェダマン、リリアン『レズビアンの歴史』(1991)：富岡明美・原美奈子訳、筑摩書房、一九九六年。

ファノン、フランツ『黒い皮膚・白い仮面』(1952)：海老坂武・加藤晴久訳、みすず書房、一九七〇年〔新装版、二〇二〇年〕。

—— 『地に呪われたる者』(1963)：浦野衣子・鈴木道彦訳、みすず書房、一九六九年〔新装版、二〇一五年〕。

フロイト、ジークムント「自我とエス」(1923)：『フロイト著作集6』井村恒郎ほか訳、人文書院、一九七〇年〔『フロイト全集18』、岩波書店、二〇〇七年〕。

ギデンズ、アンソニー『近代とはいかなる時代か？』(1990)：松尾精文・小幡正敏訳、而立書房、一九九三年。

Hwang, David Henry. *M. Butterfly*. Penguin, 1989.

イリガライ、リュース『ひとつではない女の性』(1977)：棚沢直子・小野ゆり子・中嶋公子訳、勁草書房、一九八七年。

—— 『性的差異のエチカ』(1984)：浜名優美訳、産業図書、一九八六年。

Jameson, Fredric. "Modernism and Imperialism." In *Nationalism, Colonialism, and Literature*. Eds. T. Eagleton, F. Jameson, E. Said. U of Minnesota P, 1990〔『民族主義・植民地主義と文学』法政大学出版局、一九九六年〕。

クリステヴァ、ジュリア『恐怖の権力』(1980)：枝川昌雄訳、法政大学出版局、一九八四年〔新装版、二〇一六年〕。

Kristeva, Julia. *Desire in Language*. Eds. L. S. Roudiez. Trans. T. Gora, et al. Blackwell, 1980.

ラカン、ジャック『エクリ』(1966)：宮本忠雄訳、弘文社、一九七二年。
MacKinnon, Catharine A. "Feminism, Marxism, Method, & the State." *Signs* 8-4 (1983).
Mohanty, Chandra T. "Feminist Encounters." In *Destabilizing Theory*. Eds. M. Barrett & A. Phillips. Polity P, 1992.
Moi, Toril. *Simone de Beauvoir*. Blackwell, 1994〔『ボーヴォワール』大橋洋一・片山亜紀・近藤弘幸・坂本美枝・坂野由紀子・森岡実穂・和田唯訳、平凡社、二〇〇三年〕.
Morgan, Robin. Ed. *Sisterhood Is Global*. 1984. Feminist P, 1996.
リッチ、アドリエンヌ「強制的異性愛とレズビアン存在」(1980)：『血・パン・詩。』大島かおり訳、晶文社、一九八六年。
サイード、エドワード『文化と帝国主義』(1993)：大橋洋一訳、みすず書房、一九九八年。
Stoller, Robert. *Sex and Gender*. The Hogarth P, 1968.
Wittig, Monique. "One Is Not Born a Woman." 1981. *The Straight Mind*. Beacon P, 1992.

＊編集部注　文庫版や新装版等が刊行された書目については〔　〕で追記した。

# あとがき

「はじめに」で「いまフェミニズムを書くことについて」を書いたけれども、最初にこのプロジェクトを伺ったときには、「そんな無体な」というのが正直な感想だった。今さらフェミニズムについて書くことが無意味だと思ったわけではない。不可能だと思ったのである。

喜ばしいことに毎年たくさんの本が和書、洋書を問わず、フェミニズムと銘打って出版されているし、フェミニズムに関連した研究も各方面でなされている。そんななかで、原稿用紙で二〇〇枚の分量で、フェミニズムをこれから知ろうとしている人にも、すでにたくさんの知見をもっている人にも読んでもらえるような本が書けるだろうか。まあ、無理だ、少なくともわたしには、というのが最初の印象だった。

けれどももう一方で、この機会にわたし自身のために、自分の考えを整理したい、わたしがフェミニズムをどう捉えているかを、書くという行為のなかで考えてみたいという気持ちも芽生えてきた。そこで、無謀な航海がはじまったのだが、どのように書くかまだ構想がまとまっていないときから、自分に課した心構えが二つあった。一つは、フェミニズムが「苦手」な人にも読んでもらえる本にしたいということ、もう一つは、そのためにも、専門領域に分化し、理論的にも先鋭化されているフェミニズムを、多様性を損なわないで、できるかぎり筋道をつける努力をしてみようということだった。どちらも、たぶん十分には達成できなかったと思う。なかでも最初の目的は、もしも不発に終わることがあれば、本を出す意味もなくなるだろう。けれども思想や研究は、行ったり来たりしながら深められ、広まっていくというのが旧来からの持論なので、そのジグザグの道のりに何らかのかたちで参加することができれば幸せに思う。

本書の発行はわたしの都合で遅れてしまい、いろいろな人にご迷惑をおかけした。とくに編集を担当してくださった坂本政謙さんには、締切りを波状的に延ばしてもらったことを申し訳なく思っている。いろいろな不都合にもかかわらず辛抱強く待ってくださったこと、信頼を寄せてくださったことに、この場を借りて心から感謝したい。このシリーズに加えていただいた者として、各巻を継続して出版するご苦労に敬意を表するとともに、「思考のフロンティア」の完成と成功を祈りたい。

本書は今年の夏、集中して書き進めたが、集中力と緊張を持続することに呻吟したこともあった。そのおりおりに、力強く、頼もしく応援してくれ、原稿のすべてを最初に目を通して不明瞭な表現を指摘してくれた朋友、青野皡子さんに、心からの感謝の気持ちを捧げる。彼女の励ましのすべてがどんなにわたしを力づけてくれたかは、言葉に言いあらわせないほどだ。記して感謝したい。また執筆の途中で、確認のために急に本や資料が必要になったことがあった。大至急と駆け込んだわたしに、大学間の図書貸出や大学内の図書検索を迅速に的確に処理してくださったお茶の水女子大学図書館の情報システム係の方々、また資料をあらかじめ用意してくださっていた青山学院大学と京都産業大学の司書の方々、そして夏休み中だったにもかかわらず、勤務校の資料をすぐに見せてくださった心優しい友人たち、千野香織さん、長岡真吾さん、田辺雅子さんにあらためて感謝の意を表したい。そしてわたしのもう一人の友人、渡辺和子さんにも、この場を借りてお礼を述べたい。フェミニズムの研究に長く携わり、最近ではセクシュアル・ハラスメントの運動の礎となって活動している彼女もまた、最初に原稿を読んでくれて、力強い声援を送ってくれた一人である。京都からわたしの自宅に訪れてくれた彼女と、フェミニズムのことやさまざまなことを語り合った数日は、本書の執筆に明け暮れていた今年の夏の楽しい貴重な思い出である。

そして最後に、これまでフェミニズムの研究や運動や実践に携わってきた人たちすべてに感謝したい。ときに全生涯をかけられたその方々の生きた軌跡のうえに、今のわたしが存在していることを、この本を書きながらあらためて実感した。往年の選手のように、「フェミニズムは不滅である」と言いたいところだが、フェミニズムが不滅とはならないために、本書が少しでも貢献できれば、これにまさる喜びはない。

二〇〇〇年晩夏

対談
# 親密圏と公共圏の〈あいだ〉——孤独と正義をめぐって

齋藤純一
竹村和子

［解題］　齋藤純一

この対談は、二〇〇一年に『思想』の「公共圏／親密圏」の特集を編んだ際に行われた。かなり前のものになるが、竹村和子さんの考え方が凝縮した仕方で示されており、彼女の議論の理解に資するのではないかと思う。

この対談とは別の折に、ハンナ・アーレントの議論に触れて竹村さんが次のように語ったことが印象に残っている。「アーレントは、公的なものと私的なもの、世界と生命など二つに切り分けようとするが、私は、何事についても、切り離せないところ、否応なく重なり、複合してしまうところに関心が向く」、と。竹村さんは、この対談でも、公共圏と親密圏を(分析的に)区別しようとする私の議論に対して懐疑的であり、むしろ両者がどう折り重なっているかに注目する。

自己と他者を「地続き」なものとしてとらえようとする議論もまた、バイナリーな配置や身体性から離れるパースペクティブへの懐疑によるものだろう。竹村さんは、言語についても、それがジュディス・バトラーのいう「流用」や新たなメタファーの創出に開かれていることを認める一方で、言語が同時に歴史の負荷をおっていること、そしてそのつど物質性を帯びながら私たちの生を規定していることを強調している。

この対談の後、私たちが危惧していた新自由主義は覇権的なイデオロギーとして威力をふるい、異なった生き方への寛容や尊重も、制度不信、生活不安が昂じるなかで、深い確信として定着しているわけではないことが明らかになった。この対談で話題となった「アイデンティティの中断」は、アイデンティティのドグマ化が反復強化されるような方向により傾いてきたようにも見える。

多元的な生き方を促し、それらの間に優劣の関係をつくらない正義の構想をどのように描くことができるのか。劣位化や周辺化、あるいは分断や孤立が生じる非理想的な状況にあって、不正義への(潜在的な)抗議が退けられることのない関係を制度的にも非制度的にもどう築いていくことができるのか。

竹村さんは、社会の現実のなかからその現実を批判しうる規範的な理想を構成しようとするアプローチに対してけっして否定的ではなかったと思う。とはいえ、どのようなものであれ、そうした抽象化／理想化が否応なく棄て去り、忘れ去ってしまう諸々の面があることを彼女は重く見ていた。そして、私たちが何を棄却することによって社会とそのなかの生を成り立たせようとしているのかに注意深くあろうとした。棄却したものを私たちの生から隔てたままにしておくことは端的に不可能である、と彼女は語った。

私の理解はいまでも限られているが、竹村さんとの対談に読者の思考を触発するものがあることを期待したい。

（さいとう　じゅんいち・政治理論、政治思想史）

## はじめに

**齋藤**　この特集のテーマは「親密圏／公共圏」です。親密圏と公共圏とがどのような位置関係にあると見るかが重要なポイントになりますが、まずは、公共圏について問題と感じている点をいくつか挙げてみることからはじめたいと思います。

公共性には、ドイツ語系のエッフェントリヒカイト（開かれていること）と、ラテン語系のレス・プブリカ（共通のもの・共通の事柄）という二つの含意があって、両者のあいだには必ずしも調和があるわけではなく、むしろ緊張と抗争の関係がある。エッフェントリヒカイトが誰にもアクセス可能であるという「非‐排除」を要求するのに対して、レス・プブリカは、共有可能なもの・共約可能なものを定義することによって、共約不可能なものを排除することになる。ほとんどすべての公共性論は「共約可能なもの」をどう定義するかに関心を寄せるのに対して、アーレントは、ほぼ例外的に、「共約不可能なもの」が立ち現われる場所としてパブリックな空間を定義しました。とくに、他者が現われること、つまり「自分のものではないもの」が自分の前に現われるということの意義を重視しました。他者の現われこそが生に楽しみを与えてくれるといういわば世界の「観客」の視点です。他者の現われは「非‐排除」あるいは「排除への抵抗」を要求するわけですが、現在の議論は、共通のものを超えるという、カントも強調した公共性のこの側面をあまりに軽視しているように思います。

**竹村**　現在の社会の流れとしては、「開かれていること」ではなくて、共通性を作りだし、確認することの方向に向かうということですね。

**齋藤**　そうです。公共性を国民の共同体と同義のものとして規定しようとするナショナリズムの動きのほかにも、ポストモダン的な差異化に対するバックラッシュもあります。つまり、階級や女性など「連帯のアイデンティティ」をも破壊してしまうのはよろしくないという、統合を再び強調する動きです。こうした方向では、公共性はもっぱら共通性に還元されてしまう。

次の点も排除に関係します。公共的空間を単一の空間として描いたハーバーマスを批判しながら、ナンシー・フレイザーは、それを多元的な公共圏からなる「インター・パブリックス」として、つまり、複数の公共圏が互いに異質な言語をたずさえながらヘゲモニーをめぐって抗争し合う空間として描き直しましたが、ある人びとがそうした言説の争いの土俵からも外される事態をどう考えればいいのか、という問題です。対話可能なシヴィルな(市民としてまともな)能力をもった相手ではない、もはやコミュニケーションをするだけの意味はないという形で社会の外に放逐されていく、そういう隔離としての排除が強くなってきているのではないでしょうか。ヘゲモニーへの対抗関係そのものから外され、政治的に無力化されるという問題です。

三点目は、「現われの空間」として公共性を捉えると、そこには一つの大きな危険性があります。予期していなかった異他的なものに出会うことは、竹村さんの言葉を借りれば、わたしの「アイデンティティの中断」を可能にし、いままで自己の秩序を編成してきた価値原理を変えるチャンスを自分自身に与えることになる。しかし他方では、現われるということは他者の眼差しの前に自分を曝すということですから、自分を傷つきやすい状態に置き入れるという側面も当然もっている。この危険性を除き去ることはけっしてできませんが、いま問題だと思うのは、自分の生についてどのように配慮をおこなっているか、自己の自己に対する関係をどのように生きているかという非常に内的なところまで他者の評価に曝すことが求められている、ということです。

**竹村** 社会によってですか？

**齋藤** 社会によってです。一人一人がどのように自己を統治をしているかを、社会の側がチェックするモードが強くなってきている。

**竹村** 「禁煙もできない人」というモードがそうですね。

**齋藤** わたしは禁煙に成功したばかりなので(笑)。親密圏は、公共圏における、無防備に「曝されてある」状態から人びとを守るという機能を果たすかもしれない。逆に言えば、親密圏は、一定の保護を与えることによって、人びとが公共圏に現われるのをエンカレッジする機能ももっているはずです。

**竹村** 公共圏の説明として今おっしゃられたような事柄が、じつは親密圏でも起こっているのではないかとわたしは思っているのです。公共圏と親密圏を対蹠的なものとして分けることができるのかどうか。むしろ両者が折り重なったところに、わたしたちの「生」があるのではないかと思います。

「人びとに一定の保護を与える親密圏は、人びとが公共圏に現われるのをエンカレッジする機能ももっている」とおっしゃるときに、その公共圏はどのようなものなのでしょう。また親密圏の「一定の保護」は、どのような根拠によって「与えられる」のでしょうか。わたしは、共約可能性を追求しているはずの公共性の根幹に、共約不可能なものがあると捉えています。共通性が公共性を構成しているのではなく、共通ではないもの、アクセスできない不気味なもの、おぞましいものこそが、否定的根拠として、公共性を構成している。しかもそれは、もっとも個人的で、内的で、身体的なものとして、逆説的に公共性の基底を構成しているのです。

精神分析の概念を援用すれば、おぞましいもの、不気味なものを自己の奥底へ押し込めることによって、一見安全な個人、主体ができます。けれども、その主体が社会を構成するとなれば、社会は個人のなかに押し込めた不気味なものにつねに憑きまとわれることになります。押し込めたはずのものは、かならず引き戻ってきます。たしかに、それが社会的に凝縮されて、齋藤さんの言うような「見棄てられた人」――根源的に無力化された人――として、現象化するのかもしれません。けれども、自分ではそうでないと思っている人も、「抑圧されている」ということから無縁ではないのです。アーレントが言う「現われの空間」は、人と人のあいだとして理解されています。けれども、この人と人のあいだは、人のなかのあいだに連動しているのではないでしょうか？

**齋藤**　ええ。間人格的(inter-personal)なあいだと内人格的(intra-personal)なあいだとは連動していると思います。他者とのあいだが失われるならば、自己のなかのあいだ(内的複数性)も失われるという連動をアーレントは重視します。問題は、どのように連動の仕方を描くかにあると思います。自己の秩序のなかで押し込められてきたものと、社会の秩序のなかで押し込められてきたものは正確に対応するでしょうか。前者を問題化することが後者を問題化することに繫がるという関係を描くことができるでしょうか。

**竹村**　おそらくそれは、「正確」という言葉の定義にもよるのでしょう。ただ、不気味なものを社会の言語によって、個人のなかに押し込めたからこそ、公共空間は「不気味なもの」につねに何らかの形でとり憑かれるのであって、公共空間の不気味なものは無媒介に存在しているのではないと思います。アーレントは自己の複数性を積極的な政治機能として位置づけますが、人の複数性は理念的な特質ではなくて、既存の言語のなかで歴史的な意味を背負っていると思います。その意味では、先ほど言われた「共通のものを超える」カント的な超越的視点にも、わたしは懐疑的なのです。

それを端点にあらわしているのが、フェミニズムです。家庭という「親密な」領域で性を基軸に抑圧バイヤスをはたらかせることによって、男中心的で異性愛中心的な社会が成立しえましたが、家庭に抑圧を押しつけたことによって、男中心的で異性愛中心的な社会そのものが、ひずみ、不連続を抱えるのです。男のホモソーシャルな欲望が示す二律背反性は、それを徴候的に示しますね。

## 排除と抑圧の構造

竹村　ところで、言語のなかで他者に出会うことの可能性や意義は、現在やや単純化されているようにも、楽観的に考えられているようにも思えます。「他者の現われこそが生の楽しみを与える」と言われましたね。それだけでは、語る―聞くの交通の困難さと、それにもかかわらず交通をおこなおうとする切迫性や切実さが説明しきれないように思うのです。二つ(以上)の言語がリオタールの言うような抗争関係にあって、互いに文法を共有しないとき、わたしたちは、他者の現われをどのように経験すればよいのでしょうか。たとえば、ナチス・ドイツのガス室はなかったという歴史修正主義者と、あったというユダヤ人とのあいだの抗争は、他者に耳を貸したり、他者の声を聞くことによって自分が変わるというレベルではありません。戦争責任や慰安婦問題も同様です。わずかでも聞かれる可能性のあるものは、互いに内部組織を再構成することができますが、まったく交通が成り立たない(と思っている)同士の場合はどうなのでしょうか、そのときわたしたちは、どのように交通それ自体を可能にさせていくことができるのでしょうか。

それをはっきりと問題化したのが、スピヴァックの「サバルタンは語ることができるか」だと思います。彼女はのちに発話行為の「聞く」要素にも言及していきます。わたし自身は、聞くことと語ることとの入れ子構造を考えたいと思っています(それについては、この特集に書かせていただきました)。バーバやイリガライやバトラーなどが語っている「模倣」の行為遂行性《パフォーマティヴィティ》に可能性を見いだしたうえで、攪乱的な置換が構造自体を生産的に変えていくときに、そこでさらに不気味なものとして残されていくもの(いわば翻訳の残余)に、さらなる構造変革の衝動(正義への訴えかけ)を求めたいと思っています。

したがって〈正義への訴えかけ〉として現われるものは、規範的な言語の文法で証言できるものではなく、「不気味なもの」「おぞましいもの」「言語の綻び」として現われてくると思います。純粋に言語的な出来事ではなくて、狂気として出現する〈正義への訴えかけ〉です。それが「狂気」であるがゆえに、たとえ規範的言語が再構成されたとしても、言語に統合できない怒りや痛みは、さらにその残余として残るのです。フェミニズムも——フェミニズムの言葉が使われるようになってから、すでに百年ほど経っていますが——まだ途上です。

**齋藤**　規範的な言語化がそのつど残余を取り残し、それが「狂気」として立ち現われてくるというのは、迫力のある描き方です。ただ、「いつかは必ず立ち現われてくる深く押し込められたもの」というのは、たしかに性差別や異性愛主義の場合だとイメージしやすいのですが、たとえば、現在進行中でもある新たな能力主義＝能力差別の場合はどうでしょうか。「私は余計者ではないか」「存在する意味がないのではないか」という問いは、実際ちょっと考えただけでも、身の毛のよだつような、おぞましいものです。

存在する意味そのものへの疑いは、あるいは自尊の感情の喪失は、自己の秩序を能動的に再編するどころか、自分自身を維持していくことさえ極度に困難にするはずです。おそらく、そうした自己否定の感情は上手く押し込めることができるかどうかもわからない。いずれにしても、これまで押し込められていたものに出口が与えられることによって体制が変化していくとはかならずしも描けない。

**竹村**　押し込められるものがつくられていく、ということですね。

**齋藤**　それが一つです。もう一つは、「余計者」という刻印を押されて、社会から排斥された人たちについて、どうすれば彼／彼女たちが対抗的な公共圏を形成したり、いかに「抵抗のアイデンティティ」なるものをつくりだしていけるのかという形では問題を立てるのは難しいのではないか、ということです。不正義を共有している、とただちに言えるわけではありませんから。どうすれば彼らがアゴーンの空間に入っていけるかと考えるのは、いささかパターナリスティックな気もします。「あなたが排除されたのは社会のせいではない。社会はできるだけ公正な機会を設けるよう努めてきた。それでもなおあなたがそこにいるのは、あなた自身の責任以外の何ものでもない」。こういう形で、人を追い詰め、力を奪っていく言説は、もちろん徹底的に批判しますが。

**竹村**　排除され、余計者と名指しされた人たちになり代わって考えるのは父権的《パターナリズム》温情主義だとおっしゃるのは、ご自分はそのような人たちではないと思っていらっしゃるということなのですよ(笑)。わたしには、排除は、他人事ではないのです。排除されるということだけではなく、排除されつつ排除するということも含めて。

**齋藤**　わたしも他人事だと思っているわけではありません。

**竹村**　社会のなかに入れる人と、社会から放り出される人という区別があるのなら、その区別の軸は一つだけではありません。一つの座標だけで、世界が二分されているわけではないのです。わたしたちは、包摂／排除のいくつもの軸の結節点、しかも動的な結節点にいます。

差異が面倒なのは、それが複層化しているからだと思います。それを単一のものとして取り扱えば、自分は「内部」にいるように思うかもしれない。ところが一つの差異は、さまざまな社会や文化の慣習によって成り立っています。たとえば性差別は異性愛主義に(もっともこれは一つの構造だと思いますが)、また民族や、富の再配分や、年齢などの差異化と深く関係しているのです。

きわめて個人的な場面で処理され抑圧されているように見えているものは、じつは個人の問題ではなく、体制の形態であると言いましたが、もっと正確に言えば、抑圧は過去において一度だけ起こったものではありません。わたしが精神分析の概念を援用しながら、精神分析に批判的なのは、精神分析が問題を、時系列的な因果関係として捉えるからです。抑圧は人生の早い時期に、一回だけの言語への参入として起こっているのではありません。言語の使用をとおして――それはとりもなおさず日々の自己認識なのですが――繰り返し、繰り返し、続いているのです。否定的な自己認識だけでなく、肯定的な自己認識としても。たとえば、「私はあのような人ではない」とか「このような人になりたい」という形で。これもまた抑圧の形態です。

そして「あのような人」と「このような人」を区別する社会的因子は、当の差別構造だけではありません。たとえば異性愛と同性愛を分けるものは、単に相手の性別だけではなく、家族形態や人間性、生き方、職業の問題として捉えられているのです。現実はまったく逆で、多様な社会的因子によって、両者の区別を横断不可能なものとして塗り固めているだけなのですが。

さらに言えば、現在稼働している抑圧機構は、さまざまに姿を変え、いくつかの差異の軸を横断しながら、新たに抑圧をつくっていくのだと思います。たとえ一つの差別が解消されたとしても、次の差別がかならずつくられる。「内部のなかの外部」「外部のなかの内部」というように。「現在進行中の新たな能力主義＝能力差別」とおっしゃいましたね。しかしこの能力主義は、これまでにも存在していた性差別、民族／人種差別、年齢差別などを巻き込みながら、進行しているのです。一様なものではありません。しかも、新しい形態の差別は、既存の差別をさらに複雑にして、もっと不可視なものにするのです。

齋藤　そのとおりですね。差別はつねに複合的なもので、そのなかに何か中心的な要素が本質的なものとして存在するわけでもありません。ただ、その複合的な諸要素のなかにも解消されやすい要素と解消されにくい要素がある、もっと言えば、おそらく近い未来にも解消されそうにない要素——経済的に有用かどうかで人間を分ける眼差し——があるという視点もあわせて必要だと思います。呼び方は変わるとしても、実質はほとんど変わらない価値尺度によって差別が再生産されていくという問題をどう考えればよいのか。

## 「アイデンティティの中断」

齋藤　ところで、竹村さんの言う「エイジェンシー」は、自分のなかに押し込められてあるものへの感受性を持っていることが前提ですよね。しかし、自分のアイデンティティの諸要素に敏感に、注意深く生きていくということは実際には非常に力量のいる生き方です。これまでのアイデンティティの編成に中断や攪乱が起こっても、それを起こらなかったことにする方がきわめてたやすい。既存のアイデンティティを再生産したり、強化しようとする力に逆らうにはそれだけの力量がいります。

竹村　まずここで確認しておかなければならないことは、「アイデンティティの中断」

は、感受性の鋭い、力量のある人たちだけがおこなうことではなくて、すべての人が日々、何らかの形でそれを経験しているということです。ではなぜ、固定的なアイデンティティ(たとえば「男」とか「異性愛者」とか「日本国民」というアイデンティティ)が、それほど疑問に思われずに続いていくのか。その理由は、それらはつねに復唱反復されなければならないほど、そもそも恣意的で脆弱なアイデンティティだからです。しかし逆にその復唱反復が、アイデンティティを確定化し、強化していくのです。だから、復唱反復のさいに生じるアイデンティティの中断(「不気味なもの」の到来)など起こらなかったかのように感じる規制がはたらくのです。もちろん「力量のある」人も、例外ではありません。

しかしその場合も、アイデンティティの中断は個人や社会の無意識のなかに蓄積されます。けっして消滅しません。また、固定的アイデンティティはそもそも脆弱なので、さまざまな不測の事態につねに晒されることにもなります。たとえば戦争や災害といった非日常的な場面で、既存の構造が変革する場合があります。これもじつは複雑に推移し、多くの問題を孕んではいますが、戦争で女の社会的役割に変化が生じたことも確かです。しかしだからといって、戦争を肯定しているのではありません。固定的なアイデンティティのふりをしていますが、それがいかに脆いものであるかの証左なのです。また、反復パターンが大きく崩れていく非日常的な場面は、暴力的な出来事だけではなく、思いもかけない肯定的な出来事によっても生じると思います。

**齋藤**　魅力的な出来事とか、面白い出会いとか。

**竹村**　そうですね。偶発性を根拠にしたものは、偶発性にさらされます――否定的なものであろうと、肯定的なものであろうと。そして復唱反復そのものもまた、偶発的な機構ですから、アイデンティティの中断はつねに起こります。おそらくわたしたちが希望をつなぐ「政治」は、偶発性をそれ自身のなかに包摂しているものだと思います。

**齋藤**　まったくそのとおりだと思います。アーレントやフーコーに少し引きつけて言うと、思考することとは「アイデンティティの中断」の一つの形だと思います。いままでの行動や判断の習慣からあえて距離をとって、その距離を増幅してみる。アーレントがいうように、思考は構築的ではなく破壊的です。それは、復唱反復を乱す政治的な効果を惹き起こすかもしれない。思考にとっては、一切の「安全柵」をもたないことが理想ですらある。ただし、そうした思考の内的経験を積むことと、これまでの自分の判断や振舞いの習慣から実際に距離をとっていくこととは同じではありませんが。

**竹村**　思考は構築的なものではなく、破壊的なものです。しかしそのときの思考は、かならずしも、意図に導かれておこなわれるのではありません。わたしがアーレントの語彙や概念に共感しながら、離れていくのは、彼女は、他者を歓迎しながらも、そういうことをおこないうる「思考する個」を想定しているように思うからです。パフォーマティヴに行為する行為体は、特権的に思考する必要はないのです。日々押しつけられ、みずからも確認しているステレオタイプから外れるものの存在を、わたしたちは漠然とではあれ、感知しています。この不安定感こそ思考の契機です。しかしまず思考が先行するのではありません。

**齋藤**　ええ、思考が先行するわけではありません。思考は、自他の振舞いや出来事の後に起こる「追‐思考」ですから。アーレントやフーコーの思想にある種のエリーティズムがあることをわたしも否定しませんが、思考それ自体は日々の経験で、逆に言えば、まったく思考しないでいることは不可能です。自分とのあいだに何らかの内的な対話が成立するとすれば、それは、自分が一つの価値に凝り固まってはいないこと、竹村さんも言うように、自己のなかにまだ間隙(in-between)があることを意味します。だから、思考することと攪乱的なものに気づくということにさほど違いあるわけではないと思います。ただし、アーレントらの言う思考には「正常なもの」への批判というヴェクトルがあらかじめ与えられています。それと対比すれば、攪乱的なものは、既存の価値編成に対して批判的なものとして生じるわけでは必ずしもなく、いままでの価値のある側面をかえって強化・肯定するという形で起こることもあるわけですよね。

**竹村**　むしろそのほうが多いですね。

**齋藤**　どっちに転ぶかわからない。日々の出来事として攪乱的なものが起こっている、それ以上のことは言えない、ということになりますか。

**竹村**　そうですね。しかし、「偶発性」を「普遍」に読み替えれば読み替えるほど、その普遍的価値は短期的には強化されますが、長期的にはますます不安定になりますね。

**齋藤**　いまネオ・リベラリズムは、偶然的なものを普遍的なものに読み替えようとしています。歴史的には偶然のミス・マッチが「無能」その他の仕方で本質化されようとしていますね。たしかに、普遍的なものに読み替えられた価値は長期的には不安定になると言えると思います。ただその「長期」はかなり長いかもしれません。

**竹村**　性や人種／民族にまつわる本質化は、いまだに払拭しきれないで続いていますね。

## 言語と正義

**齋藤**　公共圏についてもう一つお聞きしたい点があります。他者のなかには、というよりもほとんどすべての他者は私にとって「見知らぬ他者」で、互いに接触することのないまま生きていくことになります。そういう「見知らぬ他者」の生にどうコミットしていくか、という問題についてはどうお考えでしょう。

**竹村**　おそらくその発想には、あらゆる他者を網羅することができる、あるいは網羅しなければならない、ということが前提にあるように思います。わたしはそのようには考えません。他者が言語によって表象不可能なものであるかぎり、他者をリストアップすることはできないのです。だから問題を別様に解釈して、自分のいまの行為が、自分では気づかない他者を傷つけているかもしれないということならわかります。むしろ、このことの恐怖が、わたしのなかでは大きいです。しかし、もしも傷つけているのなら、あるいは傷ついているのなら、やはり出会うのではないでしょうか。直接的ではないにしても――いくつもの迂回路を経て、また自分のなかの他者としてという意味も含めて。

**齋藤**　言語に媒介されて、ということですね。

**竹村**　そうです。言語は物質的でありながら、比喩的です。「リンゴ」と言うときに、リンゴが存在しなくても、発話行為は可能です。しかし言語は比喩であるからこそ、記号表現(シニフィアン)と記号内容(シニフィエ)にはずれが生じます。だから自分自身を「正当に」語っているはずの意味作用のなかに、言語的ずれ、すなわちイデオロギー上のバイアスが表出しているはずです。他者をすでに発話のなかに含有しているのです。俯瞰的に他者を見るのではなく、地続きに他者を感知していくことが必要なのではないでしょうか。

**齋藤**　いまの竹村さんの言葉でいえば、俯瞰的に他者を見ることが必要になる局面はやはり残ると思います。権利の言語は、俯瞰的に他者を見るときにうまれてくるものであって、誰かということに左右されない、左右されるべきではない「エイジェント・フリー」な言語です。その人が何者であるかにかかわりなくその人の生命を保障するという俯瞰的な眼差しはむしろ最も失われやすいと言ってもいいくらいです。

**竹村**　齋藤さんは政治学者だから、社会全体を見渡して、アクセス不能な他者へどうしたら正義を届けることができるかを考えようとなさっていると思うのです。わたしはむしろ、そういう発想をするときに、どのような言語が使われているかという、言語の問題を考えたいと思っています。政治体制や経済体制というハードウエアを支えている言語が、日常言語あるいは美的言語とどのように内的に呼応しているかです。

**齋藤**　制度の言語と日常の言語とがどのように呼応しているかをさぐるのは政治学にとっても本当は大きな課題です。その点では、リチャード・ローティの言うメタファーの交替に興味があります。どういうメタファーが流行っていて、それが私たちの正／不正の判断にどのような影響を与えるのかという問題です。何をもって正／不正とするかの判断(あるいは「正義感覚」／「不正義感覚」)はけっして安定したものではなくて、時々の支配的なメタファーによって意外に簡単に変わっていく。しかも、わたしたちの語彙の変化によって惹き起こされた判断の変容は、すぐに権力的な効果をもちはじめる。

**竹村**　いまの状態を受け入れるということですか。

**齋藤**　そうです。福祉国家の再分配をも事後的な救済であると批判しえたときの言語と、自己責任の言語とではまったく別です。いまでは、ネオ・リベラリズムの語彙をある程度受け入れないとまるで現実味がないかのように見られてしまう。

**竹村**　言語体制が変わるのですね。そのとき語彙は、言語体制の変化によってべつの意味をもってくる。

**齋藤**　たとえば、アーレントの「始まり」や「差異化」という言葉は、いまやネオ・リベラリズムの語彙でもあるわけです。たぶん「複合的アイデンティティ」や「多文化主義」などもいまでは政府も喜んで使う言葉でしょう。もちろん、誰かがある語彙を所有していいわけではないし、ある語彙がある陣営にのみ属すというのはおかしな話です。ただし、正／不正の判断はわたしたちのボキャブラリーに依存するとすれば、あるいはこの言葉は使わないという積極的な選択が必要なのかもしれない。竹村さんは、この言葉やメタファーは意識的に採らない、ということがありますか。

**竹村**　誰か(何か)を名指しする言葉と、抽象的な概念をあらわす言葉とでは異なると思います。前者の例で言えば、たとえばわたし自身は「女らしさ」「男らしさ」を意識的に肯定して語ることはないと思います。しかし前者の場合であっても、記号内容をずらすことによって、記号表現の意味作用自体を変えることがあります。逆に新しい語彙を使っても、その記号内容が旧態依然としていることもありますね。こちらの方の危険性をおっしゃっているのですね。ネオ・リベラリズムについての齋藤さんの警戒は、わたしも感じています。

結局、「正義への訴えかけ」は言語の正当性をめぐるアゴーンだと思います。だから、どのように言語が改変されたとしても、究極の正しさはないと思います。むしろ、正義は状況ではなくて、行為です。アゴーンを想定しないと、正義はそこで立ち止まってしまう。しかしそのときにも、正義の暫定性とか普遍の暫定性の方に目を向けるのではなく、暫定にさせるものは何か、どうして暫定的なのかの方にわたしは着目したいと思います。現在はどちらかと言えば、差異の増殖をどのように政治的に(よく使われる言葉では、民主主義的に)再編していくかということに目が向けられています。たとえばバトラーの言う「普遍の再演」という考え方がそうです。彼女の議論にはたいへん啓発されるのですが、わたし自身は、普遍から漏れこぼれるものの方に焦点を当てて、着目し続けたいと思っています。「不気味なものの政治力」です。

**齋藤**　「正義は状況ではなく、行為である」というのは見事な表現だと思います。「不気味なもの」はたしかに正義を停滞させないアゴーンの力を一方でそなえていると思います。しかし、「不気味なもの」の内実が何かにもよりますが、それが正義を推し進めるという保証はないわけですね。攪乱的なものはどっちに転ぶかわからないわけですから。

**竹村**　そうです。どっちに転ぶかわからないけれども、現在の時点でこっちに転びたくないということはあります。けれども実際には、AとBがあって、ぜったいBには転ばない手段を講じることも、またできないと思います。かりにできたとしたら、逆にそれは全体主義になりますから。また事態は、はっきりとAとBに二分されているわけでもありません。たとえば以前には、もしも堤防があれば、高波の被害から多くの人命や財産が救えるというので護岸工事が推進されました。しかしそれは渚を消滅させる環境破壊になるという認識も、いまではもたれています。ではどのようにして、災害から身を守ることと、環境破壊をくい止めることを調停していけばいいか、それはもはや、堤防建設の是非だけ論じて解決できる問題ではありません。もっと広範囲の「生の様式」が問われるのです。

**齋藤**　究極の正しさや絶対的な善が不在のところで決定を求められるということが、政治の条件です。

**竹村**　中立的ということではないですね。

**齋藤**　ええ。公共性のある次元では、そのつど共約可能なものを定義することが迫られる。公共的な価値、誰もが受け入れることのできる(と推定できる)価値を暫定的に定義するのを避けることはできない。それを普遍と言うべきかどうかはわかりませんが。理論が自らの語彙の偏りを認めながら、言説の政治を行っていかざるをえない。

**竹村**　アーレントについて語るときに、二律背反的に、慎重にならざるをえないとおっしゃいましたね。わたし自身について言えば、「現実の政治」(リアル・ポリティックス)と思われているものが、本当に「現実の」政治なのだろうかということが、すべての問題のはじまりです。

## 親密圏

**竹村**　わたしは公共性をできるだけ親密性に近づけて考えていますが、齋藤さんは親密性を、どういう次元のものとして捉えていらっしゃいますか。

**齋藤**　公共性と親密性は、実態としては重なり合っているけれども、分析的に区別することはできると理解しています。区別の尺度はいくつかありますが、その一つは他者が具体的かどうかということです。親密圏は「人びとのあいだにある」(inter homines esse)――ラテン語で「生きる」と同義です――ことを可能にする。アーレントは「人びとのあいだにある」ことをもっぱら公共的空間に生きることと結びつけました。しかし、「人びとのあいだにある」とは、もっと具体的な人びとのあいだにあるという側面ももっている。「無限の複数性」としての公共性という立論では、親密圏は、ネガティブに――複数性の欠如態として――描かれることによって消えてしまう。

**竹村**　そうですね。私もまったくそう思います。

**齋藤**　具体的な他者とは多くの場合身体性をもった他者でもあります。ということは、その苦しみや切実な必要も感知してしまい、「はい、さよなら」と簡単に退出できる関係性ではない。善かれ悪しかれ、悪しかれの方が圧倒的に多いかもしれませんが、親密圏にはそういう抜き差しのならないところがある。そのポジティブな側面をあえて言うとすれば、「あなたは不要だ」、「あなたは劣っている」と否定する社会に対して、親密圏はあなたがいることを否定しない、存在を肯定するような機能を果たしうるということです。

ベル・フックスが『アーニング』(*Yearning*)という本で書いていますが、人種主義の暴力の一つは親密圏をもつのを否定することにあった。親密圏をもつことによって、自らの存在を肯定し、政治的な行為へと出ていく力を身につけることが可能となる。それがないと、抵抗のポテンシャルが対抗的公共圏を形成する方向にはむかわずに、パウロ・フレイレの言葉を使えば、最底辺における「水平的暴力」という、自壊的、自滅的な形で終わってしまうこともしばしばある。親密圏は、グロリア・アンサルデュアの言葉をかりれば「相対的に安全な空間」として、そもそも生きていくことをサポートするという機能を果たす場合もある。自分の味わってきた苦しみが分かってもらえるということが、生き延びていく力になることもある。そういう保護の力は公共的な空間にはありません。現われるということは曝されるということですから。

**竹村**　親密圏の定義は、なかなかむずかしいと思うのです。親密圏として想定されているものは、使う人の数だけ多いと言ってもいいかと思います。もっとも公共圏も、そうですが。

**齋藤**　親密圏は公共圏とオーバーラップしながらも、それとはちがった形での生を可能にします。公共圏に従う空間、その影の空間ではないですね。

**竹村**　親密圏は公共圏と離れて存在することができるのでしょうか。言葉を換えれば、親密圏は、公共圏と別個の文法を持ち得るのでしょうか。

親密圏と思われているものが、生へのエンパワーメントになりうる場合があるとは思います。しかしそのときの親密圏は恒常的なものでしょうか。また親密圏の内部の排除作用によって、親密圏の「相対的な安全性」が保証されているのではないでしょうか。わたしは親密圏がもたらす容認や安全性についてはーーとくにその恒常的価値に対してはーー懐疑的なのです。むしろ親密圏は、公共圏との相互作用によって動いていくのではないかと思っています。だから親密圏の定義が、いまひとつはっきりしないのです。

もう一つ、身体性についてですが、公共圏に対し親密圏のほうが、身体レベルで接触・交渉の機会があると言われましたね。わたしは、親密圏がより身体的で、公共圏が身体的でないとは思いません。公共圏の言説は、すべて身体化されている。言語が物質化されるところで、さまざまな問題が発生していると思っていますので、身体性によって親密圏と公共圏を分割することはできないのです。そうすると親密圏をどう規定すればいいかという問題に、当然ぶち当たります。

この特集のテーマは親密圏と公共圏ですが、両者は二匹のヘビが互いのシッポをくわえているウロボロスの輪のようなものとして捉えられないかと思っています。たとえば、齋藤さんの親密圏の定義で言えば、ゲイの場合、公共圏でカミングアウトしたらバッシングされるが、親密圏なら許されるかもしれないということになります。ところが、家族にだけはカミングアウトできないという例は、よくあります。ではその家族は親密圏ではないかというと、そうではありません。親が怒りながら泣きながら、しかも子供を「守ろうとする」からこそ(これが大いなる誤解なのですが)、互いに非常につらい思いをする。また、家族や夫婦・恋人のあいだにドメスティック・バイオレンス(DV)や幼児虐待(CA)などの暴力行使や権力行使が見られます。親密圏と公共圏を区別することは、非常にむずかしいことかもしれません。だからといって、まったく同じものではありませんが。

**齋藤**　親密圏は存在を否定する暴力的な空間になることもあります。親密圏はつねに「相対的に危険な空間」でもあります。しかし、そうした否定を脱する力を与えるものがあるとすれば、それは公共圏ではなく、別の親密圏だと思います。公共圏は親密圏からの「退出」を保証するだけです。

## 生存可能性

**齋藤**　「言語が身体化、物質化される」ということの意味を確認したいのですが。

**竹村**　たとえば「女」という言語記号は、「女」の身体として存在しています。そして「女」の身体を備えた者に対して、経済的格差、機会の不平等、慣習的規制などが稼働しているのです。言語の心的・身体的・物質的・経済的・政治的な実体化がおこなわれているわけです。言語は単なる象徴やメタファーではなくて、かならず物質を伴っているということです。

**齋藤**　象徴的なものと物質的なものとは相互に浸透し合っているということですね。かならず物質を伴う言語という観点からすれば、ある種の親密圏は支配的な言語とは相対的に異なった言語をつくりだす、という言い方ができると思います。公共圏の言語はあらゆるところに一様に浸透するわけではない。たとえば栗原彬さんは、水俣での経験に立って、親密圏という言葉で、私的な親密圏ではなく、ヘゲモニーをもった言語とは異なった言葉が蓄積される空間、支配的な価値とは異なった価値を創出したり、生命についての異なった解釈を提起していくような人びとの関係(「異交通」)を考えていますが、わたしもそれに賛成です。

竹村　公的な空間では語り得ないことを語り、社会や身体に対する新しい認識を醸成していくということですね。たしかにそれは、既存の公共圏ではなく、親密圏として始まったものですね。けれども同時にそれは、「すでに」べつの公共性への萌芽だと思うのですが。

さきほど親密圏の定義として、親密性は「「はい、さよなら」と簡単に退出できる関係性ではなく……抜き差しならないところ」があるとおっしゃいましたね。そうであるなら齋藤さんの言う、孤独死から人を救う親密圏は、かならずしも既成の認識を切り崩す攪乱的な場所でなくてもいいように思います。むろん、関係している場合もありますが。親密圏のなかには、(公的場所であれ、親密な場所であれ)その内部で、ある言葉を説明なく交わし、それが安定した心地よい空間をつくりだしている場合もありますね。

齋藤　親密圏のコミュニケーションが排他的、実定的な安定性をもちやすいというのはその通りです。ただ、それが公共圏とは異なった語彙を育み、それとは異質な問題感覚や価値観をうみだしていくという攪乱的な面はあるわけで、そういうポテンシャルはあります。

竹村　そうですね。けれどもそこにも公共的な言語は入っているわけだから、それによって、親密圏の親密さが不安定になる可能性はつねにあると思うのですが……。他方、公共的な語彙の暴力を、麻酔にかかったように一瞬忘れている——忘れさせている——

場合もありますね。その場合は、よけい危険といえば危険ですね。

しばらく前までは家族という空間は、男にとっても女にとっても、大人にとっても子供にとっても、心地よいもののはずだったのです。家庭の外(公共圏)から身を守る場所として(もっともこの考え方もそう古いものではないですが)。ところが、どうも心地よいとばかり言えないということが、はっきりとわかってきた。それでもわたしたちには親密な空間が必要であり、わたしたちはそれを求めています。いや、どのようなものであれ、親密な空間なしに生きていくことの方が困難でしょう。しかしだからといって、親密圏がそのまま解放に繋がるわけではないのです。親密圏を一つの確固としたものとして、公共圏と対立的に措定するというイメージが、わたしにはどうしてもわかないのです。すぐに親密圏の公共性、双方の入れ子構造の方に目がいってしまうのです。

**齋藤**　もちろん親密圏は公共圏から自律したところにあるわけではないし、それが解放に繋がるどころか、むしろ公共圏の権力関係を支える装置になることがあるのも否定できません。つまり、つねに両義的に見るしかないわけですが、私的親密圏＝家族＝抑圧装置という等式からはもう少し自由になる必要があるでしょう。親密圏は生存を危うくするかもしれませんが、親密圏のない生も非常に危ういのです。ある文章を読んで興味をもったのですが、竹村さんの言う「ヴィアブル」(viable)の意味を説明していただけますか。

**竹村**　生存可能ということです。抑圧機構との関連で使います。なぜ生存可能性が問題になるかというと、生存可能でない者がいるからです。この場合の生存可能性というのは、社会的なものです。たとえば性差別が稼働している社会では、女は生存不可能です。生存可能な者と、生存不可能な者を分けている境界を押し広げていくことが必要だと思います。

**齋藤**　「ヴィアブル」は集合的な生の空間のなかで考えられるのですか。社会の集合的な価値に照らして、生きるに値する、生きることは可能である、と。

**竹村**　そうです。

もう一度、親密圏とエンパワーメントの関係に戻って、もう少し詳しく考えてみると、アメリカ合衆国では長いあいだ黒人奴隷は家族という親密圏を持つことを禁止され、モノとしてしか見られませんでした。『アンクル・トムの小屋』など典型的で、アンクル(おじ)という呼称が与えられていますが、それは家族関係を示す言葉ではありません。しかしバラバラに切断されていた黒人(アフリカ系アメリカ人)が、のちに家族を持てたことは、かならずしもエンパワーには繋がらなかったのです。アリス・ウォーカーの『カラーパープル』に描かれているのは、アフリカ系アメリカ人の家庭のなかに、いかに性差別・性暴力が存在しているかです。

ベル・フックスが言うエンパワーメントとしての親密圏は、既成の親密圏、既成の家族ではないですね。『カラー・パープル』のなかでも、主人公のアフリカ系アメリカ人は、家族の範疇を超えた親密性を――それも異性愛主義には反するような親密性を――形成することによって、自分自身への認識を変えています。だから、奪われたものを取り返すのではなくて、べつのかたちの親密圏を形成していく必要があるのだと思います。その点では、齋藤さんの意見に賛成です。

そしてさらに言えば、オードリー・ロードというアフリカ系アメリカ人の作家に、『ザミ』という小説とも詩ともつかない、すばらしい作品があります。ニューヨークと西インド諸島の祖先の地を往復する幻想的な作品で、ここでは幻想の西インド諸島が、ある種の親密な空間になっています。だから、かならずしも親密な空間は、現実に存在している必要もないのです。メタファーであっても、それが実際に現実的な高揚感を起こさせたり、具体的に人びとを結びつけたりすれば、それは親密圏になると思います。またさらには、そのような親密圏を――過去の幻影でも、未来の可能性の地でもいいのですが、それを――現在の現実の社会のなかで、いかにエンパワーしていくかが重要だと思います。親密圏によってわたしたちがエンパワーされるだけではなくて、親密圏自体をいかにエンパワーしていくかを考えなければならないのではないでしょうか。

というのも、現実的なエンパワーの過程で、親密な空間はかならず内部暴力に晒されるからです。エンパワーしてくれるはずの親密圏が、逆に疎外感を与えるのです。わたしは親密圏をまったく否定しているわけではありません。また、「私的親密圏＝家族＝抑圧装置」の等式をつねに設定しているわけでもありません。むしろ問題は、親密圏の選択肢が——とくに日本の社会で——これまで非常に限られてきたことだと思います。親密圏の家族制度の法的・経済的保護によって、親密性があまりにも家族に還元されすぎてきたのです。だからこそ、親密圏を発展的に組み替えながら、力を持たせつづけていくことが、当の親密圏においても、またひるがえって公共圏においても、生存可能性を追求するときには重要なことだと思います。往々にして、それは自己固定化や慣習的な安寧さのほうに進みますから。

## 「見棄てられた境遇」としての孤独

**齋藤**　生存可能性は親密圏の内部暴力によって危険に曝されます。が、同じように、「人びとのあいだ」の喪失によっても生存可能性は危うくなります。わたしが恐れるのは、見棄てられた境遇、孤独な状態、それがあたかも当たり前のことのように増殖してきているということです。「人びとのあいだ」というときの「人びと」は、家族や現実に出会う人間でなくともいいのですが。

**竹村**　インターネットの仮想空間で出会う人も、そのなかに入りますね。

**齋藤**　そうそう。世の中では応答可能性を失っているけれども、仮想空間のなかで、「人びとのあいだ」に身をおくことによって、かろうじて自分を支えることができるということがあるでしょう。孤独がつづけば、他者から見棄てられるだけでなく、自分自身からも見棄てられる。意識的に世の中から引き退くソリテュードとは違って、孤独は、生存可能性それ自体を困難にする。アーレントは親密圏にはネガティヴですが、同時に孤独な境遇に打ち棄てられることを不正義として捉える見方をもっていた。わたしはそこを評価します。眼に見えず、耳に聞こえずという「暗闇」に陥ることを阻むのは、一般的な他者――人は公共圏のなかでポツンと生きられるわけではない――ではなく、人を具体的な応答可能性の状態(応答されうる状態)におく関係性です。

**竹村**　「(親密圏がなければ)公共圏のなかで一人ポツンといることになる」とおっしゃいましたが、わたしにはそのイメージがわかないのです。公共圏は網の目のように重なっていて、非常に複雑に、何層にもなっています。しかも公共圏は親密圏と相互に連動しているのではないでしょうか。そしてむしろ孤独をもっとも深く、耐え難く感じるのは、親密な空間のなかで一人ポツンといるときではないでしょうか。そしてそのときに、公的自己も奪われ、自尊の感情がもてない状況に置かれてしまうのだと思います。親密圏をあらたに構築することもむろん大切だと思いますが、むしろ、なぜ親密な関係が「ことごとく」破壊されることになってしまったか、なぜそう感じてしまうかの動的過程を問題にしなければならないのではないでしょうか。

**齋藤**　「見棄てられた境遇」としての孤独は、権力関係の生みだす否定的な効果だと思っています。したがって、どのように「見棄てている」のかに関心があるのです。先ほども言いましたが、何をもって苦しみや苦難と感じるかは言説に依存するわけで、言語以前のものではありませんね。とすると、ある種の苦難をわたしたちは苦難とは感知していないかもしれない、という問題がある。ある種の苦しみに対して反応する感性、被傷性をもっているとはかぎらないわけです。

**竹村**　苦しんでいる人や状況を、認識の外に置くわけですね。

**齋藤**　そう、認識の外に置くわけです。失業が原因で経済的に追いつめられ、ロウソクで受験勉強していて焼死してしまったとか、生活保護を請求せずに餓死したとか、というニュースを耳にすることが多くなりました。悲惨としか言いようがない、「自然状態」としか形容しえないような状態でも、ある頻度で起こる日常の出来事になると、もはや不当な苦しみとしては描かれなくなっていく。孤独が問題なのも、それが耐え難い苦しみであるにもかかわらず、もはや対応すべき苦しみとは受けとめられなくなっているからです。

**竹村**　苦しんでいる人がですか、見ている人間がですか。

**齋藤**　この場合見ている人間が、です。

**竹村**　自と他は分けられると思いますか。

**齋藤**　分けられると思います。どのレヴェルかによりますけど。

**竹村**　自と他がどの共通項によっても共約不可能なまでに、すべて断ち切られるということは、理念的な状況ではないかと思うのです。

**齋藤**　おっしゃることはわかりますが、わたしは、わたしたちのアテンションには「圏外」があるという描き方は有効だと思っています。ある事柄に対する無視・黙殺はリアルなものだし、しかも、そうしたアテンションからの排除は知らず知らずのうちに進行し、排除しているという問題感覚そのものが失われることがある。苦しみは、それを苦しみとして描く語彙に依存するわけですが、そうした語彙が意外に抵抗なくスッと変わっていく。それによってこれまで公共的に不正義としてうけとめられてきた事柄が私的な不運に変わってしまうこともある。不正義の感覚というのは非常に脆いもので、わたしたちは断ち切られやすい。

**竹村**　たしかに苦痛に対する言葉の欠如や麻痺というものがあり、それは社会的・政治的な偏向性を帯びるので、不正義の感覚はたやすく断ち切られると思います。しかし断ち切られやすいということは、逆に、新しい苦痛の概念が登場しうるということにもなりますね。セクシュアル・ハラスメントやDVやCAのように、それまでは苦痛の範疇に入らなかった事柄、「世間はそんなもの」だった事柄が、暴力＝苦痛として合意されはじめる。苦痛の指示対象、意味内容は固定したものではない。

私は楽観的な方ではなく、どちらかというと懐疑的で悲観的だと思うのですが、最終的には、なぜか希望を語ることになるのです。その理由を考えてみたことがありました。そして気がついたことは、すべてを否定することは論理的に不可能であり、すべてを否定することほど楽観的な視点はないということです。それこそ非常に抽象化した議論になります。齋藤さんが言う「見棄てられた人」の内実を、さらに検証すべきではないでしょうか。その過程で、じつは何も語られない、報道されもしない、一見して幸福に「平凡」に見える人のなかの、いまだに言説化されていない感情の行き場のなさや、複層化した関係性のなかに折り畳まれる名づけえぬものの変成、そしてそれがもたらす孤絶感が浮かび上がってくるのではないでしょうか。わたしは、幼稚園児を殺害した女性が抱える問題は――その事件の個別性はむろんあると思いますが――事件と無縁だと思っている人のなかにもあるのではないかと思っています。むしろ報道に最初に接したとき、とうとうこのようなかたちで現われることになってしまったのかと、衝撃を受けました。わたしの解釈の域を出ない反応ではありますけれども。

**齋藤**　孤独には、そういう「平凡」に見える人びとの孤絶も含まれます。家族をもっているということと「見棄てられた境遇」にあるということは両立します。とりわけ、ただ一つの関係性――たとえば幼児や老親をケアする関係――に縛られることは、絶望的な孤独を惹き起こしやすい。抵抗は権力関係の認識根拠だとフーコーは言いましたが、権力関係の存在に気づかせるのは抵抗だけではありません。わたしは孤独も権力関係、それも「支配の状態」に近づいた権力関係を認識する重要な根拠だと思っています。もちろん孤独そのものに触れることはできないわけで、いま竹村さんがおっしゃったような事件や出来事を通して推測するほかありませんけれども。

## 〈あいだ〉としての生

**齋藤**　竹村さんは「自己を差異化する」という表現を使われていますが、自己の内的な複数性(複数化)はわたしも大事な概念だと思ってきました。内的な他者性に向き合うことと現実の他者に出会うこととのあいだにはやはり決定的な違いがある。その違いをどのように捉えるべきか。自分のなかにある抑圧されたおぞましいものは、おぞましいものを汲み尽くしてはいない。それは、全域ではないですね。

**竹村**　内が外の全域ではない、あるいは、外が内の全域ではない。

**齋藤**　内が外の全域ではない。安全装置をある程度解除しながら、自分が放逐したものを引き戻すような形で内的な対話がおこなわれていく。それは、いわば自己と自己との「二元性」を繰り返していくことであって、内的な「二元性」をどれほど積み重ねよう複数性には達しえない。自分のなかの不気味な不連続性に注意深くあることが、社会の問題を解く鍵になるとは限らないし、それに扉は内側からしか開かないわけでもありません。

**竹村**　個人の精神のなかにすべての鍵があると考えることは避けなければならないと、わたしも思います。そうしてしまうと、社会の問題は、すべて個人の考え方の問題に帰着することになり、社会的正義を言う必要はなくなって、非常に反動的になります。問題は、個人的だと思われているものは、政治関係であり、社会関係であるということです。

個人のなかで抑圧したものは、社会の不正義・暴力とまったく相似形で照応しているのではありません。もしもそうならば、解決は比較的簡単です。「内的な「二元性」」とおっしゃいましたね。けれども、内部と外部の関係は「二元的」ではないのです。わたしが「自己のなかの他者」というとき、その他者は、フロイトやボニー・ホーニッグの言う「不気味なもの」です。いったんそれに気がつくと、ある言葉で翻訳できるかもしれない。「こんな偏見を持っていたね」などと。けれども、それはただ一つに翻訳して済ませられるものではないのです。言語から排除されているものは、既存の言語によって容易に表象化できないから排除されているのであって、表象可能なものの相似的な陰画ではないのです。孤独を苦痛とさえ受け取られない悲惨さも、ここに起因していると思います。しかしそのときその孤独を一枚板的に捉えるのではなく、どのような複合因子が、その人からつぎつぎと親密な関係性を奪っていったかを考えることはできます。それによって現実的な苦痛が、分節されえなかった孤独から、一つ一つ引き剝がされるように、徐々に立ち上がってくるのではないでしょうか。

トニ・モリソンが政治的なのは、人種差別を直截に弾劾しているからではなくて、たとえば『ビラブド』では、人種差別の構造がどのように内面化され、身体化されて、白人と「黒人」のあいだだけではなく、「黒人」の母と娘のあいだに、暴力と愛、呪いと記憶の複雑な様相を呈するかを描いているからです。私的なもの、身体的なもの、心的なもののなかで繰り広げられるドラマは、公的な制度や慣行の死角——しかし公的な制度や慣行そのものである死角——に呼応しているのです。けれどもそれは通常の言語からはみだす不気味なものですので、完全な表象や伝達にはなりようがないのです。言語それ自体を、読む行為の一瞬において、引き裂き、捩り、うち砕いていくものです。

**齋藤**　ずいぶん経ちますが『ビラブド』の迫力は忘れられません。文学の言語が「公共的なものの(という)死角」にときとして激しく反応しながら、その死角を際立たせていく。その政治性がいわゆる「リアル・ポリティクス」をはるかに凌ぐことがあるという理解にまったく異論はないのです。ただ、あえて繰り返せば、物語を含む一人称の言語が切実なものとして、痛切なものとして受けとめられること、他者の語る声に耳を傾けること、幸いにしてそうしたことが幾重にも積み重ねられていっても、対応しがたい問題が残るのではないかと思います。もちろん、一人称の言語が「公共性を撃つ」ということもしばしばあります。しかし、「俯瞰する」視線をもって語られる言語、たとえば、どのような文化的・象徴的な資源にいまへゲモニーが与えられているのかを分析したり、失業者のうち誰が労働市場に復帰できて誰が復帰できないかをきちんと調べる言語が必要です。そういう意味での批判的な言語が貧弱になってしまったことに問題を感じます。これは天に唾することになりますが。

竹村　そのような政治的な言語を模索することが必要だということについては、まったく同感です。しかしそのときの政治的言語は、俯瞰的な言語であり、また同時に地続きの言語だと思うのです。たとえば慰安婦問題について、被害者の証言は、きわめて個人的で身体的で心的な言葉で語られます。もっと正確に言えば、語ることに抵抗するような苦悩と悲憤のなかで〈語られる／語られない〉証言なのです。それは一人称の物語かもしれませんが、そこに投げ出される問題は、公的な事柄です。そしてもしもその声が聞かれたとして、ある一定の正義がおこなわれて、制度が変容したとしても、その制度は(制度は俯瞰的なものです)、被害者に行使された暴力のすべてを解決してはいないのです。そして、さらなる制度の改変を求める正義への訴えかけは、やはり個人的な地点から——しかしじつはきわめて公的で政治的な個人性から——発せられると思います。

したがってわたしが主張したいことは、「どのような文化的・象徴的な資源にいまへゲモニーが与えられているのかを分析する」ときに、文化的・象徴的な資源はどのような人間をつくりだしているのか、そのときその人間はどのような身体・精神・認識を備えたものとして理解されているのかを精密に考える必要があるということです。「失業者のうち誰が労働市場に復帰できて、誰が復帰できないかを調べる」ときにも、「誰」の内実に分け入る必要があるのではないかと思います。

文学を例に出しましたが、文学を特権化しているのではありません。むしろ現在、文学批評と政治学・社会学・思想などの境界は曖昧になりはじめています。わたしは今回、齋藤さんとお話しする機会をいただきました。わたしの専門は文学ですが、そしてわたしたちの見解はかならずしも一致しませんが、しかしわたしたちの会話は、従来の政治学者と文学者の会話ではないと思います。わたしたちが言及する論文や著作も交差しています。文学も含め表象活動が、非＝歴史的で非＝政治的な美学やエンターテイメントだと自己規定して、そこに安住することを避けなければならないことは無論ですが、法や制度も、個人の精神や身体を超越するものではないように思うのです。

おそらく親密圏／公共圏という本号の特集は、このような概念をまず提示しておいて、それらが重複しつつ切り離されていく、あるいは分離しつつも連動する現代のわたしたちの「生」を再考するものだと思いますが、同時に、そのような再考の枠組みを再考する契機を、わたしたちにもたらしてくれるようにも思います。こうしてお話しできたことに感謝しています。ありがとうございました。

**齋藤**　「親密圏」も「公共圏」も一義的な定義を逃れるということがはっきりしましたが、それと同時に、「家族」や「社会」といった観念が自明性、安定性を失っているということも期せずして明らかになったと思います。しかも、その不安定性は、メタファーの交替、観念の交替にはただちにはつながりそうにありません。ブレイクスルーのない手探りの再考になりますが、今日は幸いにして、竹村さんの刺激的な議論からその手がかりを得ることができたような気がします。ありがとうございました。

＊編集部注　『思想』925号掲載の記事を、一部表記を改めて再録した。

# 解説　未来からもたらされた、フェミニズム

岡野八代

身体とは恐らく、思考の謙虚さの謂いなのかもしれません
――ジュディス・バトラー(1)

## 1　二一世紀のフェミニズム研究をつなぐもの

二〇〇〇年一〇月に公刊された竹村和子さんの『フェミニズム』の解説にあたって、いくつかの説明(弁明)が必要となるだろう。二一世紀に入り四半世紀を経ようとする今、フェミニズムというタイトルをもつ、二〇世紀の最後に日本語で執筆された本書を、なぜまた世に問うのか。そしてなにより、世紀をまたいで当時もっとも多面的で、そして旺盛な研究活動を通じて日本のフェミニズム研究を牽引し、今なおその業績は多くの研究者に影響を与え、かつ新しい研究(領域)を鼓舞してきた竹村和子さんの思想を、研究

分野としてはアプローチが異なる政治思想史研究者のわたしがなぜ解説し得るのか、である。(2)

第一の疑問については、本書にすでにいくつもその答えがあるものの、近年のジェンダーをめぐる社会状況のなかでフェミニズムに関心を持ち始めた読者、あるいは竹村和子さんの研究に本書で初めて出会う読者のために、本書が公刊された当時のフェミニズムをめぐる理論状況を竹村さんの研究に触れながら簡単に説明しておこう。

竹村さんは、現在同様に研究としてはすでに広がりを見せていたジェンダーではなく、フェミニズムという用語にこだわった研究者だった。それは、文学批評 *criticism* 研究者としての竹村さん固有の、フェミニズム理解と関係している。現在でも、いや現在ではなおさら、フェミニズムのもつ「イズム」に主義主張、もっといえば一人よがりな教条的な思い込みを嗅ぎ取り、予め研究者自らの主義主張を研究対象に反映させるかのような研究目的が設定されているフェミニズム研究より、むしろ分析概念としてのジェンダーを駆使した調査・研究こそが中立的で優れているといった判断がなされがちである。現在の日本の社会状況に目をやれば、フェミニズムは敬遠されても、ジェンダーの非対称、つまり社会的に男女が置かれた地位や状況に有意な格差があるならば、それは不平等として是正したほうがよいと考えるひとは多い。

しかし、「イズム」には「行動」や「作用」という意味合いがあり――たとえばアフォリズムやメカニズムなど――、行為の「プロセス」を表していると、竹村さんは論じる。したがって、「イズムであるかぎり、このプロセスは何らかの理念を現実化しようとするものだが、他方でまた、それが「行動」や「作用」のプロセスであるかぎり、行為実践によって理念自体が間断なく問いかけられる」(3)。こうした竹村さんのフェミニズム観は、その理念と実践とが分離し得ないという歴史的なフェミニズムの生成過程を言い表しているだけでなく、フェミニズムの語幹をなす、カテゴリーとしての「フェミナ」そのものを「根本的に解体すること」、「「女」の意味を徹底的に解析すること」が、フェミニズムに要請されているという本書の立場をも表している(vii頁)(4)。

さらに竹村さんによれば、二一世紀の政治的局面に対峙するフェミニズム研究の新展開のなかで、それぞれに関連しあいながら、四つの理論枠組みが前景化し始める。第一にミシェル・フーコーに代表される言説理論、第二に批判的に継承された精神分析、第三にポストマルクス主義、第四に脱構築である。そして、それぞれの理論枠組みのなかで、フェミニスト内での論争が沸騰する。言説理論は「主体」をめぐって少なからぬフェミニストたちがフェミニズムの終焉を危惧するほどの論争を惹起し、精神分析については性的差異をめぐって、ポストマルクス主義においては古くて新しい「富の再配分」をめぐって、脱構築については「女というカテゴリー」をめぐって、まさにフェミニズムの根拠そのものを問い返すような議論が展開された(5)。

この四つの理論枠組みこそ、今現在のわたしたちもまた、新しい諸問題に取り組み考察する際に、参照せざるを得ない枠組みであり続けている。主体をめぐっては、あらゆる行為の起点に個人の自由意志を想定するナイーブな議論は、行為者を取り巻く状況を規定している社会構造から目を背けることに他ならないと、批判的に検討されはじめて久しい。また、性的差異については、セックスとジェンダーが因果関係にあるという説明はむしろ、男女という「自然の差異」を再強化することにもつながりかねないとし、そうした分かりやすい理解がいかなる文脈で、また誰によってなされているかが注意深く分析されるようになった。富の再配分については、かつての再生産労働を中心としたマルクス主義フェミニストたちの議論が、社会的再生産労働という新たな視点を組み入れながら再編成されたグローバルな分業体制に対する研究へと引き継がれ、フェミニスト経済学を中心に着実な議論が蓄積されてきた。[6]「女というカテゴリー」をめぐっては、文化表象研究の興隆のなかで、テクストを代弁するものと表象するものとのズレ、見つめる者の複数の眼差しが交差するなかで零《こぼ》れ落ちたり、浮かび上がったりするものをいかに拾い上げるかが探究され、誰が・なにがそのテクストにおける他者なのかがつねに問い返されるようになった。そして、こうした四つの研究は互いに影響を受け／与えながら、時代状況、世界構造の変化により敏感に、フェミニズム研究を駆動し続けてきたといってよいだろう。

本書はしたがって、とりわけ第Ⅱ部を読めば、こうした現在の一見すると多様に拡散したようにみえる研究分野・領域がどのようにつながりあっているのか、またフェミニズムはなぜこうした展開をしてきたのか、せざるを得なかったのかを、再度、いや正確には、二一世紀に入り新たにわたしたちに気づかせてくれるのだ。

## 2　自然と社会

では、なぜ西洋政治思想史を研究してきたわたしが、アメリカ文学研究者であり、かつ、批評理論、ポスト・コロニアル研究、セクシュアリティ研究、表象文化研究を牽引してきた竹村和子さんの業績の解説者足りうるのだろうか。弁解にも聞こえるかもしれないが、以下に論じることこそ、わたしが『フェミニズム』を今ここに紹介する意義に他ならないと信じて、二〇世紀のわたしが『フェミニズム』と出会い損ねていたこと、そしていかなる意味でそうだったのかを述べさせていただく。

竹村和子さんの研究業績の解説としては、二〇一一年一二月のご逝去以降、『文学力の挑戦――ファミリー・欲望・テロリズム』(研究社、二〇一二年)についてはアメリカ文学研究者の小林富久子さん、『彼女は何を視ているのか――映像表象と欲望の深層』(作品社、二〇一二年)についてはアメリカ文学研究者にして批評理論研究者の新田啓子さん、そして『境界を攪乱する——性・生・暴力』(岩波書店、二〇一三年)については日本のフェミニズム研究の第一人者である社会学研究者の上野千鶴子さんの手によって、竹村さんの研究業績に内在的で、かつ詳細な紹介がすでになされている。そして、『フェミニズム』でも言及される各論文が所収された、本書の姉妹書ともいえる二〇〇二年公刊の『愛について——アイデンティティと欲望の政治学』(岩波書店)には、[7] 二〇二一年の文庫化を機に、新田啓子さんの狂おしい愛情と哀惜が交差する濃密な論文としか呼びようのない、竹村思想の神髄とその理路を見事に描いた解説がなされている。

ところで、わたしが竹村和子さんの訃報を伺ったのは、韓国ソウルにある日本大使館前で行われる一〇〇〇回目の「日本軍「慰安婦」問題解決を求める水曜日デモ」に参加するために滞在していたソウルにてであった。ちょうど博士論文を基にした拙著公刊を前に、そのすべてを終えて、つまり博士論文の審査を引き受けてくださった竹村さんへの謝辞を書き終えた後、暴力性への向き合い方が弱いという核心を突く竹村さんの指摘には応えきれぬまま筆を置いた、そんな中途半端な状態で竹村さんの訃報に触れたのだった。一〇年ほど前にもまた、わたしは竹村さんと出会い損ねていた。

西洋政治思想史を専門とするわたしが竹村和子さんの研究に惹かれていくのは、『フェミニズム』公刊の一年前に翻訳出版された、ジュディス・バトラー『ジェンダー・トラブル——フェミニズムとアイデンティティの攪乱』(竹村和子訳、青土社、一九九九年)における訳業がやはり大きい。当時わたしはバトラーによる、「社会的・文化的な性差であるジェンダーによって、セックスという虚構が構築される」という定義を(六二頁)、政治思想史の文脈で(のみ)受け止めていた。たとえばそれは、近代市民社会を代表／表象してきた、とりわけ所有的個人主義の嚆矢《こうし》ともいえるジョン・ロックの社会契約論を脱構築しようとする、キャロル・ペイトマンの研究と共鳴しているように感じたからだ[8]。

ロックの思想は、それ以前に優勢だった政治的(伝統的)家父長制を批判し、自由で平等な個人からなる市民社会を構想したと一般的には理解されてきた。政治的統治はそれまで、神の子である父が、自身の財産に他ならない家族を統治・管理するように臣民をも統治すると考えられてきた。これに対して、ロックは新たな市民法を確立することで、政治の場である公的領域は家族領域とは異なり、その統治の正当性は生命・自由・財産の権利が自然権として認められた平等な男性市民からなる原初の契約によってのみ認められると考えた。

それに対してペイトマンは、男性市民の間で取り結ばれる社会契約の以前に、市民社会から女性たちを排除する性契約が存在するはずだと説く。そしてその性契約――当時の宗教的カノンとしての婚姻法――の存在こそが、女性を「生まれつきの自然によって市民的個人となるために要求される能力を欠く」とされる地位に、つまり非政治的で私的な家族領域へと追いやったのだ。女性が家族の領域において従属するのは、婚姻法による契約の結果であるにもかかわらず、ペイトマンいわく現代の政治理論家たちでさえも、市民社会を確立する社会契約の前提であることを疑わず自然視し、この性契約については忘れている。[9]

ペイトマンにおいては示唆的に触れられるにすぎない、「女性の従属が自然によるものなら、なぜ契約が必要なのかという疑問[10]」が、バトラーの議論ではより鮮明に、自然こそが、「時間的にも、存在論的にも、法よりあとに起こる結果」だと論じられた。[11]法の効果が、あたかも法の原因であるかのように論じられる、つまり、無秩序あるいは不安定な自然状態から脱してようやく社会状態に至るというストーリーのなかで、法そのものの存在が不可視化される、あるいはそうした法の存在はすっかり忘れ去られる。「物語は、定義上(その言語性のために)あらかじめ締め出されているはずの「まえ」にアクセスできると主張するだけでなく、「まえ」についての記述が「あと」の次元で語られるために、法そのものをその不在の位置につけて、法を見えなくさせているのである[12]」。

しかしそれだけでない。近代社会における正義感覚や道徳秩序を論じるテクストには、そうでないもの、つまり自然な社会制度としての家族が描かれ、その構成員については、それぞれに異なりを抱え、感情や状況に左右され、血縁で縛られていると、ほぼ例外なく言及される。家族の構成員のなかでも女性は、市民社会において男性諸個人が血縁に縛られない平等な存在となるためには、克服したり、排したりしなければならない、すでに在る現実——属性、機能、性質——として描かれる。「女性は、生まれながらに道徳的能力を欠き、家庭生活という「自然の社会」にしか適さないため、それだけ市民的人間関係への脅威も高まる」(13)。人間社会はその内に無秩序になる原因を抱えているために、ひと《メン》は政治社会的秩序を内面化し、自ら監視を受け入れるが、男性と異なり女性は、自然の情念《パッション》、とくに性的情念を抑制することができないため、道徳秩序や正義感覚の内面化が阻まれる。たとえばもう一人の社会契約論者であるルソーは、その原因を自然に帰すことしかできなかったが、フロイトこそが、近代市民社会における男女の違いを、エディプス・コンプレックスによって説明した。

政治思想史において、公的な存在たり得ないとして幾度も言及されてきた女性たちは、「生死など身体に関わる自然現象や土と原料《マテリアル》といった、家庭《ドメスティック》生活に欠かせない自然界に意味を与える」(14)、自然と社会の境界で橋渡しの役割を果たす。ペイトマンによれば、それと同時に、女性たちは自然との近接性——とくにその生殖能力——のために、自らも自然の一部であるかのように扱われ、身体／精神、自然／文化・文明、情念／道徳、私的／公的、そして無秩序／秩序といった二元論の境界を揺るがさないよう、家庭内での役割を果たすよう厳しく馴致《ドメスティケイテイド》されなければならないと、様々な近代哲学者たちによって論じられてきた。

ペイトマンはこうして、ロックやルソーといった近代社会契約論者だけでなく、J・S・ミルやジョン・ロールズを含めたリベラリストたちの議論、すなわち自然と社会の二元論をめぐる矛盾を孕んだ秩序論——家族(その領域の担い手である女性)は社会生活の基礎であると同時に、その自然性から公的生活を脅かす——に依拠する議論を、伝統的な家父長制とは異なる、「兄弟愛的《フラターナル》な市民社会の近代的家父長制」と名づけた。彼女によれば、リベラルも社会主義者たちも、家父長的な権力がどのように生まれたのかを「忘れて」しまっていたのだった。

## 3　本書の特徴——問題なのは肉体だ(15)

バトラーの『ジェンダー・トラブル』、そして竹村さんの『フェミニズム』を通じてわたしは、上述のように、フロイトを参照しながら兄弟愛的な協約としての社会契約を支える、忘れられた性契約における力学を解き明かしたペイトマンら、フェミニスト政治思想家たちの研究の画期をより鮮明に学んだ。法の作用・効果とは、法の「まえ」の自然を生み出し、自然・野蛮から人間的な社会秩序への移行という物語を作り出すことだ。この〈克服されるべき〉自然の産出こそが、政治的な作用であり、非歴史化され、非人間化され、そして非政治化される領域を確定する性をめぐる二元化、政治的な境界設定であると。しかしながらなお、政治学を専門にしてきた《ディシプリンド》わたしは、『フェミニズム』を読むことができていなかった。

それは、本書でも指摘されているように、日本のフェミニズムが精神分析を積極的に受容してこなかったことと関係しているだろう(三七頁)。わたしは学んでいるつもりではいたものの、人間的な境界設定という政治作用を、ひと「と」ひとを振り分ける主体間の作動であるとのみ捉えており、個人の内なる作動については考えが至らなかったのだ。手元にあった『フェミニズム』初版を探し出してみて我ながら驚いたのは、本書の核心ともいえる身体論にはまったく手がつけられていなかった。理解できなかったという以上に、当時のわたしは理解しようともしなかったに違いない。そして今、わたしにこうして回帰する、わたしが出会い損ね、そのことすら忘れていた竹村さんの身体論こそが、わたしが示し得る本書の意義である。

本書におけるフェミニズムの定義を、再度みてみよう。フェミニズムとは、「女(フェミナ)という概念を自然化せずに前景化して、思考の俎上にのせる(イズム)」であり、いかなる領域においても身体的な次元に容易に回収される「「女」というカテゴリーを根本的に解体すること」である(vii頁)。なぜならそれなしに「2　自然と社会」にみた近代国家成立時に確立された法秩序を支えている、性差と国境という二つの境界線上において行使されている暴力に抵抗することができないからだ[16]。

したがって、本書の第一部「どこから来て、そしてどこまで来たのか」で竹村さんが俯瞰するフェミニズムの歩みも、連帯と解放を掲げる「女」たちが、その時代時代でいかに問い直されたか、どこにその躓《つまず》きがあったかが中心に描かれる。なるほど、解放という理念ひとつをとっても、それが女の解放なのか、女からの解放なのか、いったい何からの解放なのかを考えれば、進むべき唯一の目的《テロス》の設定は不可能である(一三九頁)。

ところが、わたしがこれまで理解してきたフェミニスト政治思想史はここで、「女」を抑圧・簒奪・搾取する機制が社会のどこに位置づいているのか、その機制は「女」というカテゴリーをどのように活用してきたのか／いるのかと、その目を外に、つまり社会に向けてきた。それは一方では、ペイトマンであれば家父長的なリベラリズムと呼ぶ社会のなかで、女性たち自身の個々の選択のありようを問うよりも、そうした選択をせざるを得なくさせている諸制度や法律を分析し、そこにこそ変革の可能性を見いだすためではあった。他方でしかし、そうした問題構成の在り方はすでに、社会で生きる具体的な個人をつねに捉え損ねてきたのではなかったか。そもそもなぜ、個人に目を移すことなく、社会を論じることができるのか。個人と社会を別々に分析することができるという確信こそ、両者のインターフェースに働く規制・規範——竹村さんは、それこそが暴力と認識する——を放置、いやそれは常に今も作動しているのだから、再強化してきたのではなかったか。

さらに言えば、そしてこちらこそ竹村さんからわたしが学び損ねていた最たるものであるが、社会契約という原初の法の確立に働く排除と抑圧の暴力をあれほど批判しておきながら、その暴力を原初の暴力として、現在の「女」たちが置かれた諸状況の起源として留め置くことで、翻って、法規範の絶対性を確立してしまったのではないか。それこそ、社会構築主義もが陥る本質主義として、竹村さんが厳しく問い返してきたことではなかったか。つまり、今もなお、つねにすでに作動している〈わたし〉の内で作動する暴力に目をつぶり、暴力的に個人に作用することでその綻《ほころ》びを繕《つくろ》ってきた法が織りなす法秩序が維持されている現在の動的在りようを不問に付してきたのだ。[17]

こうした境界線の自明視、法の起源の絶対化は、「女」というカテゴリーに包摂されてしまう様々な女性たちの法規制とのかかわり方の異なりや、それぞれの時代・社会状況をさえ不可視化する効果を生み出してきた。こうして、国内の女性たちの異なりだけでなく、国境を軸として、主体化された男性性の内なる暴力が投射される他者である植民地の女性たちの存在が、フェミニズムの射程から逸《そ》らされてきた。

だからこそ、竹村さんの捉えるフェミニズムの歩みは、法制度の要求から社会的慣習の再考へ、そして心的・身体的な事柄への考究へと繋がっていくのだ。フーコーが権力をめぐる抑圧の仮説を批判して久しいが、にもかかわらず、内なる暴力が作動する具体的な身体に対する視点が、わたしにはいかに乏しかったことか。近代の性規範を「ドメスティック・イデオロギー」と名づけ直す竹村さんにしたがえば、「資本主義体制をとる近代国家においては、性は、市民(国民)を、資本主義社会が要請する人格／身体に、また国民国家の体制に合致する人格／身体に仕立てあげるために動員された主要な装置だった」(一三一―一四頁)。そして竹村さんは、第一波フェミニズムはドメスティック・イデオロギーを内面化していたと診断するのだが、それは決して過去のことではない。ドメスティック・イデオロギーは、「行動・精神・身体までを網羅」し、とりわけ、欲望や身体レヴェルの固定観念はいまなお「執拗にわたしたちにとり憑き」、身体を縛りつつ、精神を、そして行動をも固定化させているのである(一二一頁)。

たしかに、日本における家族の在り方とエディプス・コンプレックスは相いれなく思える。だがしかし、バトラーはいうまでもなく、イヴ・コゾフスキ・セジウィックやドゥルシラ・コーネル、リュス・イリガライをはじめとする、精神分析を援用する数多くのフェミニストたちに共通するのは、「自己形成と、身体性をふくむ性自認と、言語獲得が、相互不可分の動的関係を有して、現在の性の制度を(再)生産しているという認識」である(四一頁)。そして、ここでの性制度とは、近代国家が駆動する暴力によって維持されている国家制度に他ならないことは、もはや言うまでもない。

こうしてわたしたちはバトラーと共振するかのような竹村さんが第Ⅱ部で論じる、フェミニズムは「どこへ行くのか」へと導かれる。第Ⅱ部第1章「身体」は、『ジェンダー・トラブル』から『問題=物質《マター》となる身体』へと論を進めるバトラーをいかに竹村さんが理解し、自らの思考へと紡ぎあげていったのかを知ることができる貴重な章である。つまり、バトラーが『ジェンダー・トラブル』第3章4節における「身体の表面の政治にまつわる物語」を発展させ、さらに「身体がどのように「物質」として固定されるのかを、精神分析に批判的に分け入って解明」するために[18]、『問題=物質《マター》となる身体』の第2章「レズビアン・ファルスと形態的想像界」へとその理路を深めていく筋道が、竹村さんによって論じられているのだ。ここにおいて、公的な性差別制度を問い直すために、あたかも自明な事実として、つねにすでにわたし(自我)と共にある、しかし単なる物質であるかのごとき肉体という他者に深く切り込んでいくことこそが、二〇世紀フェミニズムの到達点であり、かつ二一世紀フェミニズムの出発点であることが宣言されているというのは言い過ぎであろうか。少なくとも、当時のわたしが未だ理解し得なかった『フェミニズム』から、今ようやく受け取った主張は、そうである。

## おわりに　レズビアン・ファルスについて

第Ⅱ部は、第Ⅰ部で振り返られたフェミニズムの歩みをまるで反転させるかのように、第1章「身体」、第2章「慣習」、そして第3章「グローバル化」とつづく。言語的存在であるひとが、言語的に自身を身体として把握し、その認識が、身体をあたかも自明で固定的なモノであるかのように物質化していく。このメービウスの帯のような認識と存在との循環は、文化慣習や諸制度が各個人に告げる規範・規制のなかで反復され、慣習はますます強固になる。しかし他方で、当の慣習は、諸個人の行為によってパフォーマティヴに反復されることがなければ維持され得ないことから、慣習はけっして同一・均質のものであり続けることもない。文法にきつく縛られた言語使用が、時代時代で例外なく変化していくように、である。

バトラーも注目する「自我とは何よりもまず身体的なものであって、単に表面に位置するものであるだけでなく、それ自体が表面の投射ともなっている」というフロイトの議論を導きの糸としながら、(19)身体を魂／精神の牢獄と考えてきた伝統や、身体的な性差(セックス)は所与の事実であるかのように捉える強固な認識はいかなる暴力によって維持されているのかが、第Ⅱ部でのテーマである。

二〇年以上前に公刊された『フェミニズム』をかつて受け取り損ねたわたしの解説は、ここで終わりたい。『フェミニズム』というテクストにいかに応答するかは、読者一人ひとりの責任に任せることにし、むすびにかえて、わたしのこの深刻な出会い損ねについて、一点だけ触れておきたい。

すでに触れたように、本書の白眉「身体」の章は、バトラーがレズビアン・ファルスを論じた章に対する竹村さんの応答だと、現在のわたしは理解している。そして、わたしが本書を読み損ねた、いや、むしろ拒絶さえした理由が、「レズビアン・ファルス」という概念にあったのだとようやく気づいたのだ。[20]

身体の一器官であるペニスと混同されがちなファルスという概念は、人間社会の法秩序・言語秩序（＝象徴界）を統制する能力を表し、それを「持つ者」と「持たざる者」に弁別する。そして、「持たざる者」はあたかも所有されるモノとして、現実の社会のなかでは貶《おとし》められ、女性はモノとしての存在に振り分けられるとされてきた。バトラー自身は、ジェンダー規範を揺るがすレズビアンという存在と、ペニスと混同されがちであるものの、実際にはいかなるものをも表象するファルスという概念を結びつけることで、「持つ者」と「持たざる者」という人間社会に通底するような二元化を攪乱することを目指したのだろうとは理解する。しかし、なおわたしはレズビアンとファルス概念が結びつけられていたことに、当時心底、いや体の底から「おぞましさ」を感じ、その身体的な反応を封じるためにも、その議論には立ち入りたくなかった。ぞっとしたのだ。

このわたしの反応は、精神分析的には、いくつもの説明が可能ではあろう。しかし、女として、〈そんなことをしてはダメ〉〈そんなモノは欲してはダメ〉〈言葉遣いがおかしい〉〈こうふるまうべきだ〉〈将来は、こうなるはずだ〉という社会の声に取り囲まれ、内面化し、気づくと自身（自我）が、同じことをわが身に命令し、望めないとされていることとは予め望まず、ふるまいも自制し、未来は展望しないと決めていた。それは、わたしの身体のなかで、規範が確固たるモノとして不動の位置を占め、そのモノによって身体こそがコントロールされた経験だ。

　現在の日本社会で社会的な注目を浴びるトランス・ジェンダーをめぐる議論のなかで、トランス・ジェンダーの人たちの権利を主張する言説において、あるいはその人たちの現状を説明しようとする解説のなかでも、心の性「と」体の性という説明が頻繁に使われる。わたしの経験からいえることは、この二つの対置は、心についても体についても、なにも説明していない。わたしは現在、女性と自認しているが、わたしの身体こそが自由を求め——もっと正確にいえば、この身体に自由が認められるとさえ考えなくさせられていたのだが——、他方で、「いまここの」身体とは異なる身体の希求をあきらめさせてきたのが、この社会で育まれてきたわたしの精神であると考えている。

「持たざる者」として生きざるを得なかった女だから、ファルスを持つことを夢見てもいいのかもしれない。しかし、ファルスの存在によって、身を切り刻まれるようにして、いくつもの事柄だけでなく、関係性をも諦めてきたわたしは、その同じファルスを持つという夢を押しつけられることに——それが、わたしの誤読だとしても——、とても我慢がならなかった。なぜひとは、持つ者「と」持たざる者にならなければならないのだろう。身体の自由を求めることとは、この身体を持つことと同義なのだろうか。生きること、生き延びることとは、なにかを持つことなのだろうか。こうした呻吟《しんぎん》から、わたしは竹村さんの身体論を、読み進めることすらできなかった。

竹村さんはしかし、けっしてバトラーと同じではなかった。竹村さんはむしろ、「持つ者」とされるひとたちが、幾重にも自身に向けた暴力に耐え、そのことを忘れながら、いかなる自己形成のプロセスを経ているのかを問うべきだという(七八頁)。男性たちが占有しているかのような公的領域、女性たちの居場所であるかのように思われてきた私的領域という二領域は、竹村さんがセジウィックを参照しながら分析するように、いくつもの自家撞着を抱えている。公私の二つの領域を往来するかのように語られる自己は、単純に考えても別個の自己であるわけではなく、いくつもの綻《ほころ》びを抱え、言い訳、切り替えの失念、ときに失敗を繰り返しつつ、なお往来を――公的領域で私秘性を露わにし、私的領域で「国民」を再生産しながら――継続するしかないのだ(一〇二―一〇三頁)。

そして、その公私の自家撞着を分節化し、ほぐしながら、竹村さんは「ポスト・ファミリー」なる考えを披露する(九五頁)。わたしたちがこれまでにない関係性に開かれていることを伝えるなかで、竹村さんはこの「持つ」ことへの執着をも解きほぐそうとしたのではなかったのか。

『フェミニズム』は、わたしたちにどこへ行くべきかを伝える書ではない。なぜなら、すでに問うべきものは、わたしたちの内にあるからだ。わたしたちの内には、数々の棄却、否認、拒絶、諦めがカオスのように混在している。二五年近くの歳月を経て『フェミニズム』は、わたしたちのカオスの未来を示した書として、今読まれるだろう。

竹村さん、今日本社会では、同性カップルの関係は法的に認められるべきだと、多くの人が語るようになりました。トランス・ジェンダーの人びとが声をあげ、日本社会の諸制度を見直そうとする動きも始まりました。いかなる法制化が必要で、どのように現在の社会制度を編成し直していくべきかについては、多くの議論が今後必要ですし、日本社会がなんらかの回答を出すまでは——出したとしても——、その道のりは決して平坦ではないでしょう。とはいえ、『フェミニズム』で竹村さんが身体から掘り起こしてくれた揺らぎが、ひとつの言説となって芽吹いたのは確かです。

ようやくわたしは、過去のわたし自身が諦めていたこと、考えたくもなかったことを、自身に負い目を感じることなく語れるようになりました。それは、わたしが変わったわけではなく、過去に封印されていた多くの人たちによる数々のストーリーが、社会の規範を少しずつ揺るがした結果、わたし自身もまた揺るがされたにすぎません。竹村さんが当時展望していた未来の全容をわたしは未だ、掴むことはできていません。ただようやくこうして、竹村さんが示してくれた未来がどこから始まるのかを理解できたように思います。竹村和子さん、本当にありがとうございました。博士論文審査に対する竹村さんの質問にしっかりと応答するにはまだまだ足りませんが、ようやくその手がかりを得ることができました。

「社会を変革するような革命は、ささやかな日常の読みの実践のなかに芽吹く[21]」。

（おかの　やよ・西洋政治思想、フェミニズム理論）

(1)　「日本語版への序文」佐藤嘉幸監訳、竹村和子、越智博美ほか訳『問題《マター》＝物質となる身体――「セックス」の言説的境界について』(以文社、二〇二一年)、xi頁。

(2)　政治思想史研究者と竹村和子さんとの思考の方向性、問題構成の違いは、やはり政治思想史研究者である齋藤純一との対話(本書所収)で、明らかであろう。

(3)　「フェミニズムの思想を稼働しつづけるもの」『境界を攪乱する――性・生・暴力』(岩波書店、二〇一三年)、七六頁。

(4)　括弧内の頁数はすべて本書より。

(5)　前掲、「フェミニズムの思想を稼働しつづけるもの」。

(6)　たとえば、日本におけるその研究成果については、長田華子・金井郁・古沢希代子編『フェミニスト経済学――経済社会をジェンダーでとらえる』(有斐閣、二〇二三年)で一望できる。

(7)　八七頁で言及されている「資本主義社会とセクシュアリティ」は、第一章「〔ヘテロ〕

セクシズムの系譜——近代社会とセクシュアリティ」として、一〇〇頁の「あなたを忘れない」は、第三章「あなたを忘れない——性の制度の脱‐再生産」として、一三九頁の「アイデンティティの倫理」は、第四章「アイデンティティの倫理——差異と平等の政治的パラドックスのなかで」として、『愛について』に所収されている。

(8) とくに、Pateman, Carole 1988 *The Sexual Contract* (Cambridge: Polity Press, 1988). 中村敏子訳『社会契約と性契約——近代国家はいかに成立したのか』(岩波書店、二〇一七年)。*The Disorder of Women* (Stanford: Stanford University Press, 1989). 山田竜作訳『秩序を乱す女たち?——政治理論とフェミニズム』(法政大学出版局、二〇一四年)。

(9)『社会契約と性契約』一一九頁。

(10) 同上、一一八頁。

(11)『ジェンダー・トラブル』一四〇頁。

(12) 同上、一四一頁。

(13)『秩序を乱す女たち?』三一頁。

(14) 同上、三七頁。

(15) 言うまでもなく、ジュディス・バトラー『問題《マ》=物質《ター》となる身体』に対する当初の邦訳。ここでは当時のわたしの無理解に対する自戒も込めて、『ジェンダー・トラブル』「訳者解説」と本書での竹村さんの翻訳にしたがった(七六頁)。竹村さん自身による邦題の変更については、『境界を攪乱する』二二七頁参照。

(16) 竹村和子「序文」竹村和子(編)『欲望・暴力のレジーム——揺らぐ表象/格闘する理

論』(作品社、二〇〇八年)。

(17) 竹村和子「修辞的介入と暴力への対峙」『境界を攪乱する』所収。

(18) 竹村和子「訳者解説」『ジェンダー・トラブル』二九四頁。

(19) 『問題《マター》=物質となる身体』八〇頁。

(20) バトラーに即した読解は、佐藤嘉幸「すべての理論はマイノリティ性へと生成変化しなければならない――『問題《マター》=物質となる身体』解説」に詳しい。以下は、自身の誤解と無理解を反省しつつ、竹村さんのテクストに対するわたしなりの応答である。

(21) 前掲「序文」六頁。

本書は二〇〇〇年一〇月にシリーズ「思考のフロンティア」の一冊として岩波書店より刊行された。岩波現代文庫化にあたっては、『思想』第925号に掲載の対談記事を追加した。

フェミニズム

2024年6月14日　第1刷発行
2024年7月16日　第2刷発行

著　者　竹村和子《たけむらかずこ》

発行者　坂本政謙

発行所　株式会社　岩波書店
〒101-8002 東京都千代田区一ツ橋 2-5-5

案内 03-5210-4000　営業部 03-5210-4111
https://www.iwanami.co.jp/

印刷・精興社　製本・中永製本


ISBN 978-4-00-600478-1　　Printed in Japan

# 岩波現代文庫創刊二〇年に際して

二一世紀が始まってからすでに二〇年が経とうとしています。この間のグローバル化の急激な進行は世界のあり方を大きく変えました。世界規模で経済や情報の結びつきが強まるとともに、国境を越えた人の移動は日常の光景となり、今やどこに住んでいても、私たちの暮らしは世界中の様々な出来事と無関係ではいられません。しかし、グローバル化の中で否応なくもたらされる「他者」との出会いや交流は、新たな文化や価値観だけではなく、摩擦や衝突、そしてしばしば憎悪までをも生み出しています。グローバル化にともなう副作用は、その恩恵を遥かにこえていると言わざるを得ません。

今私たちに求められているのは、国内、国外にかかわらず、異なる歴史や経験、文化を持つ「他者」と向き合い、よりよい関係を結び直してゆくための想像力、構想力ではないでしょうか。

新世紀の到来を目前にした二〇〇〇年一月に創刊された岩波現代文庫は、この二〇年を通して、哲学や歴史、経済、自然科学から、小説やエッセイ、ルポルタージュにいたるまで幅広いジャンルの書目を刊行してきました。一〇〇〇点を超える書目には、人類が直面してきた様々な課題と、試行錯誤の営みが刻まれています。読書を通した過去の「他者」との出会いから得られる知識や経験は、私たちがよりよい社会を作り上げてゆくために大きな示唆を与えてくれるはずです。

一冊の本が世界を変える大きな力を持つことを信じ、岩波現代文庫はこれからもさらなるラインナップの充実をめざしてゆきます。

（二〇二〇年一月）

## 岩波現代文庫［学術］

G462

### 排除の現象学

赤坂憲雄

いじめ、ホームレス殺害、宗教集団への批判――八十年代の事件の数々から、異人が見出され生贄とされる、共同体の暴力を読み解く。時を超えて現代社会に切実に響く、傑作評論。

G463

### 越境する民

近代大阪の朝鮮人史

杉原　達

暮しの中で朝鮮人と出会った日本人の外国人認識はどのように形成されたのか。その後の研究に大きな影響を与えた「地域からの世界史」。

G464

### 越境を生きる

ベネディクト・アンダーソン回想録

ベネディクト・アンダーソン
加藤剛訳

『想像の共同体』の著者が、自身の研究と人生を振り返り、学問的・文化的枠組にとらわれず自由に生き、学ぶことの大切さを説く。

G465

### 我々はどのような生き物なのか

―言語と政治をめぐる二講演―

ノーム・チョムスキー
福井直樹
辻子美保子 編訳

政治活動家チョムスキーの土台に科学者としての人間観があることを初めて明確に示した二〇一四年来日時の講演とインタビュー。

G466

### ヴァーチャル日本語 役割語の謎

金水　敏

現実には存在しなくても、いかにもそれらしく感じる言葉づかい「役割語」。誰がいつ作ったのか。なぜみんなが知っているのか。何のためにあるのか。〈解説〉田中ゆかり

G467
# コレモ日本語アルカ?
―異人のことばが生まれるとき―
金水 敏

ピジンとして生まれた〈アルヨことば〉は役割語となり、それがまとう中国人イメージを変容させつつ生き延びてきた。〈解説〉内田慶市

G468
# 東北学/忘れられた東北
赤坂憲雄

驚きと喜びに満ちた野辺歩きから、「いくつもの東北」が姿を現し、日本文化像の転換を迫る。「東北学」という方法のマニフェストともなった著作の、増補決定版。

G469
# 増補 昭和天皇の戦争
―「昭和天皇実録」に残されたこと・消されたこと―
山田 朗

平和主義者とされる昭和天皇が全軍を統帥する大元帥であったことを「実録」を読み解きながら明らかにする。〈解説〉古川隆久

G470
# 帝国の構造
―中心・周辺・亜周辺―
柄谷行人

『世界史の構造』では十分に展開できなかった「帝国」の問題を、独自の「交換様式」の観点から解き明かす、柄谷国家論の集大成。佐藤優氏との対談を併載。

G471
# 日本軍の治安戦
―日中戦争の実相―
笠原十九司

治安戦(三光作戦)の発端・展開・変容の過程を丹念に辿り、加害の論理と被害の記憶からその実相を浮彫りにする。〈解説〉齋藤一晴

G472
## 網野善彦対談セレクション 1 日本史を読み直す
山本幸司編

日本史像の変革に挑み、「日本」とは何かを問い続けた網野善彦。多彩な分野の第一人者たちと交わした闊達な議論の記録を、没後二〇年を機に改めてセレクト。(全二冊)

G473
## 網野善彦対談セレクション 2 世界史の中の日本史
山本幸司編

戦後日本の知を導いてきた諸氏と語り合った、歴史と人間をめぐる読み応えのある対談六篇。若い世代に贈られた最終講義「人類史の転換と歴史学」を併せ収める。

G474
## 明治の表象空間(上)—権力と言説—
松浦寿輝

学問分類の枠を排し、言説の総体を横断的に俯瞰。近代日本の特異性と表象空間のダイナミズムを浮かび上がらせる。(全三巻)

G475
## 明治の表象空間(中)—歴史とイデオロギー—
松浦寿輝

「因果」「法則」を備え、人びとのシステム論的な「知」への欲望を満たす社会進化論の跋扈。教育勅語に内在する特異な位相の意味するものとは。日本近代の核心に迫る中巻。

G476
## 明治の表象空間(下)—エクリチュールと近代—
松浦寿輝

言文一致体に背を向け、漢文体に執着した透谷・一葉・露伴のエクリチュールにはいかなる近代性が孕まれているか。明治の表象空間の全貌を描き出す最終巻。〈解説〉田中 純

岩波現代文庫[学術]

G477
シモーヌ・ヴェイユ　冨原眞弓

その三四年の生涯は「地表に蔓延する不幸」との闘いであった。比類なき誠実さと清冽な思索の全貌を描く、ヴェイユ研究の決定版。

G478
フェミニズム　竹村和子

最良のフェミニズム入門であり、男／女のカテゴリーを徹底的に問う名著を文庫化。性差の虚構性を暴き、身体から未来を展望する。〈解説〉岡野八代

G479
増補 総力戦体制と「福祉国家」—戦時期日本の「社会改革」構想—　高岡裕之

戦後「福祉国家」とは全く異なる総力戦体制＝「福祉国家」の姿を、厚生省設立等の「戦時社会政策」の検証を通して浮び上らせる。